Christine Moritz

Die Feldpartitur

Qualitative Sozialforschung

Herausgegeben von
Ralf Bohnsack
Uwe Flick
Christian Lüders
Jo Reichertz

Die Reihe Qualitative Sozialforschung
Praktiken – Methodologien – Anwendungsfelder

In den letzten Jahren hat vor allem bei jüngeren Sozialforscherinnen und Sozialforschern das Interesse an der Arbeit mit qualitativen Methoden einen erstaunlichen Zuwachs erfahren. Zugleich sind die Methoden und Verfahrensweisen erheblich ausdifferenziert worden, so dass allgemein gehaltene Orientierungstexte kaum mehr in der Lage sind, über die unterschiedlichen Bereiche qualitativer Sozialforschung gleichermaßen fundiert zu informieren. Notwendig sind deshalb Einführungen von kompetenten, d.h. forschungspraktisch erfahrenen und zugleich methodologisch reflektierten Autorinnen und Autoren.

Mit der neuen Reihe soll Sozialforscherinnen und Sozialforschern die Möglichkeit eröffnet werden, sich auf der Grundlage handlicher und überschaubarer Texte gezielt das für ihre eigene Forschungspraxis relevante Erfahrungs- und Hintergrundwissen über Verfahren, Probleme und Anwendungsfelder qualitativer Sozialforschung anzueignen.

Zwar werden auch grundlagentheoretische, methodologische und historische Hintergründe diskutiert und z. T. in eigenständigen Texten behandelt, im Vordergrund steht jedoch die Forschungspraxis mit ihren konkreten Arbeitsschritten im Bereich der Datenerhebung, der Auswertung, Interpretation und der Darstellung der Ergebnisse.

Christine Moritz

Die Feldpartitur

Multikodale Transkription
von Videodaten in der
Qualitativen Sozialforschung

Bibliografische Information der Deutschen Nationalbibliothek
Die Deutsche Nationalbibliothek verzeichnet diese Publikation in der
Deutschen Nationalbibliografie; detaillierte bibliografische Daten sind im Internet über
<http://dnb.d-nb.de> abrufbar.

1. Auflage 2011

Alle Rechte vorbehalten
© VS Verlag für Sozialwissenschaften | Springer Fachmedien Wiesbaden GmbH 2011

Lektorat: Katrin Emmerich

VS Verlag für Sozialwissenschaften ist eine Marke von Springer Fachmedien.
Springer Fachmedien ist Teil der Fachverlagsgruppe Springer Science+Business Media.
www.vs-verlag.de

Das Werk einschließlich aller seiner Teile ist urheberrechtlich geschützt. Jede
Verwertung außerhalb der engen Grenzen des Urheberrechtsgesetzes ist
ohne Zustimmung des Verlags unzulässig und strafbar. Das gilt insbesondere
für Vervielfältigungen, Übersetzungen, Mikroverfilmungen und die Einspeicherung und Verarbeitung in elektronischen Systemen.

Die Wiedergabe von Gebrauchsnamen, Handelsnamen, Warenbezeichnungen usw. in diesem
Werk berechtigt auch ohne besondere Kennzeichnung nicht zu der Annahme, dass solche
Namen im Sinne der Warenzeichen- und Markenschutz-Gesetzgebung als frei zu betrachten
wären und daher von jedermann benutzt werden dürften.

Umschlaggestaltung: KünkelLopka Medienentwicklung, Heidelberg
Druck und buchbinderische Verarbeitung: Ten Brink, Meppel
Gedruckt auf säurefreiem und chlorfrei gebleichtem Papier
Printed in the Netherlands

ISBN 978-3-531-17950-6

Inhalt

Zusammenfassung 7

Teil I Grundlagen

1 Literatur, zentrale Begriffe, Kategorisierung des Datenmaterials 13
2 Erfassung videoimmanenter Information
   in der Qualitativen Sozialforschung 19
   2.1 Filmprotokolle 21
   2.2 Hermeneutische Erfassung videoimmanenter Information 23
   2.3 Video-Transkriptionsprogramme 28
   2.4 Erfassung eines Videos durch Kodierungsprozesse 33
3 Transkription von Videodaten 34
   3.1 „Was ist ein Video" in der Qualitativen Sozialforschung? 34
       3.1.1 Video ist Abbild der Welt 34
       3.1.2 Video produziert Welt 37
   3.2 Wahrnehmungsprozesse beim Betrachten von Videos 44
   3.3 Feldpartitur-Transkriptionsprozesse 48
       3.3.1 Warum Videos transkribieren? 50
       3.3.2 Wie Videos transkribieren? 51
       3.3.3 Funktionen der Feldpartitur in unterschiedlichen Phasen
             des Forschungsprozesses 54
       3.3.4 Kriterien an eine funktionsfähige Video-Transkription .. 55
       3.3.5 Bestandteile einer Feldpartitur 58
       3.3.6 Zeichensysteme der Feldpartitur 59
             3.3.6.1 Transkription gesprochener Sprache
                     („transcript") 65
             3.3.6.2 Notation in der Feldpartitur („notescript") 67
             3.3.6.3 Interpretierende Kodifizierung
                     („codescript") 70
             3.3.6.4 Frame-by-frame-Analyse 75
             3.3.6.5 Verbalumschreibung 77
4 Entwicklungsstand 78
5 Ausblicke 79
6 Zusammenfassung des Nutzens der Feldpartitur für Forschende 80

Teil II Einzelfalldarstellungen

1 Einzelfallbeispiel 1: „Das Duell" 83
   1.1 Heuristischer Rahmen: Dialogisches Kubusmodell 84
   1.2 Anwendung eines Kategoriensystems in der Feldpartitur 90
   1.3 Mikroanalyse einer Interaktion mit der Feldpartitur 91
2 Fallbeispiel 2: Ein Hund fährt schwarz" 105
   2.1 Methodische Vorgehensweise und Vorstellung des Projekts ... 105
   2.2 Exemplarischer Einblick in eine HaNoS-Transkription 106
3 Fallbeispiel 3: Videoclip Fontaine 109
   3.1 Methodische Vorgehensweise und Vorstellung des Projekts ... 109
   3.2 Feininterpretation eines Videoclip 111

Literaturverzeichnis 117

Zusammenfassung

Die Feldpartitur[1] ist ein Zeichen- und Symbolsystem zur multikodalen Transkription von Videodaten[2] für mit Video arbeitende qualitative Forscherinnen und -forscher der Sozial- und Geisteswissenschaften.

Mit dem System der Feldpartitur werden Videodaten nicht mehr ausschließlich direktübersetzt in Textdaten, wie es derzeit verwendete Transkriptions-Konventionen innerhalb der genannten Zielgruppe in vielen Fällen vorschlagen. Sondern es werden audiovisuelle *Prozessdaten* gemäß den Medieneigenschaften eines Videos in Ihrer *Linearität* (Linearity) und mittels Zeichen und Symbolen auch in ihrer *Gleichzeitigkeit* (Simultaneity) erfasst durch die Übertragung von Bedeutungsträgern in ein zwei-Achsen-System, also eine „Partitur" (Goodman, Philippi 2007, S. 125 ff; Jakobson, Halle 2002; Joost 2008; Hilt 2010).

Zugrunde liegt der Arbeit mit der Feldpartitur folgende Annahme: Die auf Bild-, Ton- und Prozessdaten beruhenden Videos sind als ein eigenständiges Symbol-, Zeichen- und Ausdruckssystem gegenüber dem System der Sprache zu bezeichnen (Langer 1984, S. 87; Goodmann 2007), und lassen sich daher nur in einem kleinen Teil der Komponenten, die das Medium enthält, mit den Methoden der Texttranskription erfassen. Diese ansich triviale Prämisse zieht innerhalb des sprachlich-logoszentrierten Wissenschaftsbetriebes verhältnismäßig selten forschungspraktische Konsequenzen nach sich (siehe Knoblauch 2004; Raab 2008), sondern es werden aufgrund der Forschungstraditionen *„mehr oder weniger erprobte und bewährte Verfahren der Text- und Bildinterpretation und deren Methodologie auf die neue Datensorte ‚Film' oder ‚Video' (...)"(Reichertz, Englert, S 7)* direkt übertragen (Textabschnitt I/2.).

Videodaten haben jedoch andere Medieneigenschaften als Texte. Während Text- und Sprechdaten durch die lineare und sukzessive Aneinanderreihung sinn-

---

[1] Die Feldpartitur ist eine eingetragene Wortmarke 2009. Sie wurde auf der Basis des Schlieben-Lange-Stipendiums des Landes Baden-Württemberg 2009 im Rahmen des Dissertationsprojekts mit dem Titel „Dialogische Prozesse in der Instrumentalpädagogik. Eine Grounded Theory Studie" (Moritz 2010a) entwickelt (Internetbeigabe www.feldpartitur.de/Dissertation).

[2] Es werden in diesem Beitrag für das in der Qualitativen Sozialforschung verwendete audiovisuelle Datenmaterial auch die Bezeichnungen „Videofilm", „Audiovison", „Videoaufzeichnung", „auditiv unterlegte Bewegtbilder" oder einfach Bewegtdaten verwendet. Animations- oder Trickfilme sind eine eigenständige Kategorie innerhalb des Datentyps Video und werden im Buch nur partiell gestreift; einige, aber nicht alle Ausführungen des vorliegenden Buches lassen sich auch auf die Arbeit mit diesem Videotypus anwenden. *Nicht* thematisiert werden audiovisuelle Medien in ihrer umfassenden Begriffsbestimmung multimedialer Kommunikation.

bildender Bedeutungseinheiten charakterisiert sind, handelt es sich bei den auf Bilddaten beruhenden Videoaufzeichnungen um multikodal vermittelte Prozessdaten. Sie sind auf der einen Seite gekennzeichnet durch die visuelle (ikonische) und auditive Exaktheit der technisch protokollierten Abläufe, welche das Gegebene „un-mittelbar" zu vermitteln scheint; Die durch Videoaufzeichnungen gewonnenen Daten erfassen „ihr" Objekt[3] im Sinne eines Abbildrealismus exakt und nichtselektiv. Die im Video enthaltenen Inhalte erscheinen den Forschenden daher „vertraut" und die innewohnenden Informationen gelangen daher unwillkürlich, wie „intuitiv verfügbar"[4] in den „Wissensbestand" der Forschenden. Die differenzierte Erfassung der im Video auf ausdrücklich nichtverbal/nichtexplikative Weise vermittelten und gleichzeitig auftretenden Bedeutungsträger führt dabei auf der anderen Seite über die Eigenschaft der „Totalpräsenz" (Imdahl 1996, S. 23) schnell in den Zustand einer „prä- oder nonverbalen Sinnwelt" (Boehm 1996) und somit in ein Feld „elementarer Fragen" (Boehm 2006a, S. 11). Die analytische Arbeit am und mit dem Video eröffnet Forschenden somit eine Eigenart des audiovisuell Vermittelten: der Diskursivität des Symbolsystems der Sprache steht die semantische Unbestimmtheit oder gar „Irrationalität" des Zeichen- und Symbolsystems des Videos gegenüber[5] (Textabschnitt I/3.1 bis I/3.2.).

Videodaten sind demnach hochkomplexe, multikodale[6] Daten, die sich nicht auf den in der Qualitativen Sozialforschung vielbeachteten Symbolcode eines Bildes, noch auf das Sprechen der videografierten Akteure reduzieren lassen (Schuette 2010; Selting 1998, 2009, Hess-Lüttich 2003, S. 3490f). Sondern das Filmische als ein Ganzes umfasst neben Bild und Sprache vielseitige Ausdrucksmöglichkeiten wie Musik, Geräusch, Geste, Mimik, Raum, Zeit, Rhythmus, Dynamik, Bewegung, Licht etc., die sich ihrerseits jeweils *„ihrer ‚eigenen Sprache' bedienen und beim Versuch einer Transkription zu verschiedenen Zeichenebenen führen"* (Hilt 2010).

Darüber hinaus bilden Videos durch die Aneinanderreihung von aufeinanderfolgenden Bilderfolgen dem menschlichen Auge den Anschein einer Fließbewegung und somit den Aspekt der *Zeitlichkeit* ab. Zeitlichkeit unterscheidet

---

[3] Siehe hierzu die Ausführungen zur ikonischen Differenz bei Boehm 2006b.
[4] „Begabung zur synthetischen Intuition" Panofsky 1987, S. 221; siehe Sachs-Hombach/Rehkämper 1999; zum Begriff des impliziten Bildwissens siehe Bohnsack 2009, S. 28 ff.
[5] Siehe hierzu Burkard 2007, S. 73, auch Kade und dessen Beschreibung der Irrationalität und der Kontingenzen von Bildmaterial Kade 2003, S. 405.
[6] Transkripte, die nicht nur den Sprechtext, sondern verschiedene Dimensionen *interaktiven Verhaltens* erfassen, werden als „*multimodal*" bezeichnet (zitiert nach Schuette 2010). Der Begriff bezieht sich auf die Wahrnehmungsmodi („Sinnesmodalitäten") der Interaktionen (Deppermann 1999, Schmitt, Deppermann 2010; Schuette 2010) der abgebildeten Akteure. Im Gegensatz zum Begriff der Multimodalität umfasst der Begriff der „*Multikodalität*" den Modus der zu vermittelnden Informationen zwischen Video und der/m jeweiligen RezipientIn. Denn Informationen im Video können mittels unterschiedlicher Kodesysteme, etwa in Form von Texten, Bildern oder auch durch die Darbietung spezifischer Simulationen bereitgestellt werden.

Zusammenfassung

sich von der Eigenschaft bloßer Linearität (etwa der Alphabetschrift), weil der Faktor Zeit im Video nicht nur sukzessive, sondern als ein Kontinuum abgebildet wird. Die mikroprozessualen Zeitaspekte einer Handlung – etwa deren Formen einer plötzlichen Beschleunigung oder allmählichen Verlangsamung, sowie deren ineinandergreifende zeitlichen Entwicklungen (z. B. auf Akteursebene im Sinne einer „handelnden Improvisation" Figueroa-Dreher 2008, Kurt 2008, i. e. W. auch Reichertz 2009, S. 291 ff) bedürfen ebenfalls einer Fixation, um überhaupt bewusst erfassbar und somit erforschbar zu werden. Videodaten bilden daher nicht nur einzelne Handlungslinien, sondern heterogene und mehrkanälige *Handlungsprozesse* ab, deren Bedeutung sich nicht lediglich durch die summative Aneinanderreihung einer Analyse der Einzelbilder erschließen lässt.

Mangels eines geeigneten Systems[7] zur Erfassung von Videodaten werden diese derzeit häufig und gleichsam in der Not – geleitet durch das „Primat des Textes" – *direktübersetzt* in das System der Sprache. Denn wenngleich visuelle Medien durch die Möglichkeiten des Internet oder der Beigabe digitaler Trägermedien eine zunehmende Verbreitung auch in der Wissenschaftswelt erfahren, können Bilddaten innerhalb des überwiegend durch Schrift und Sprache kommunizierenden Wissenschaftsapparates derzeit in vielen Fällen – ob aus AutorInnen- oder VerlegerInnensicht – nicht als solche veröffentlicht werden, sondern bedürfen zum Zweck einer Publikation der Übersetzung in ein schriftsprachliches Trägermedium. Nicht zuletzt unterliegen Bilddaten als besonders sensibler Datentypus häufig noch strengeren ethischen Anforderungen als Textdaten, und werden von Feldpersonen nicht immer zur Veröffentlichung freigegeben. Wie die Erfahrungen mit den meist paraphrasierenden Umschreibungen von Bild/Videodaten zeigen, lässt sich das Symbolsystem Bild/Video dabei keineswegs einfach vom einen in den anderen Modus übertragen: das Bild zeigt bei diesem Vorgang eine ausgesprochene „Sperrigkeit", manchmal gar eine „Eigensinnigkeit" gegenüber dem Wort (Boehm 1996, S. 30; siehe auch Bohnsack 2009, S. 42 ff); denn die Erfassung des Videohabitus lässt sich im Forschungsprozess weniger als Direkt-Übersetzung vom Video zum Verbaltext, vielmehr als einen Prozess der Wahrnehmung, Interpretation und Deutung – also der Aneignung durch Forschende bezeichnen.

Bei genauer Betrachtung ist dieser Prozess der Aneignung von Videomaterial das Ergebnis eines komplexen und sinnkonstituierenden Zusammenwirkens elementarer Informationen auf Objektseite eines Videos, und deren Sinneswahrnehmung und -verarbeitung auf Subjektseite der Forschenden. Im Zentrum des Interesses einer empirischen Transkription von Videomaterial steht daher an erster Stelle die Reflexion des Betrachterhabitus der Forschenden, die nicht nur zunehmendes *Wissen* über kulturelle Kodes und zunehmende *Sensibilität*

---

[7] *„Nevertheless, transcription systems for video data still remain in an experimental stage." Schnettler, Raab 2008, S. [40].*

in der sinn-rekonstruierenden Arbeit mit Videomaterial, sondern entsprechend den Gütekriterien des interpretativen Paradigmas eine zunehmende *Nachvollziehbarkeit* der Transkriptionsprozesse eines Videos erfordert. Die notwendige Fixation von Datenkomponenten in einer schriftsprachlichen Form geht daher immer einher mit der zeichentheoretischen Frage nach den Konsequenzen eines möglichen Kodewechsels (Richter, Wegner 1977) sowie den Möglichkeiten zur Visualisierung der Symbole und Zeichen, insbesondere dem damit einhergehenden kognitiven Mehrwert respektive Verlust. Die Arbeit mit Videodaten exponiert für Forschende somit „*nicht nur ein empirisch-methodologisches Problem, sondern auch ein kommunikations- und zeichentheoretisches.*" *(Hess-Lüttich o.D. [2011], S. 1)*

Das System der Feldpartitur wurde als forschungspraktische Antwort auf dieses Problem entwickelt. (Textabschnitt I/3.3.). Der Grundgedanke der Feldpartitur liegt darin, die genannten Anforderungen durch Zuhilfenahme eines diagrammatischen Notationssystems zu lösen (theoretischer Hintergrund Goodman 2007). Ein funktionales Vorbild eines solchen Systems findet sich im Schriftsystem einer Kunstform – der Zeitkunst Musik – welche die oben genannten Probleme längst zu lösen gelernt hat: das System der Musiknotation liefert in Form der Orchesterpartitur die Möglichkeit der Notation gleichzeitiger und übereinanderliegender Zeichen unter Bezugnahme auf ein Gegenwartsgeschehen (hier: der erklingenden Musik). In einer Feldpartitur werden natürlich nicht mehr getrennt voneinander transkribierte Geigen- und Trompetenstimmen, sondern die einzelnen Komponenten des Videos mittels übereinandergeschichteter Einzelspuren sukzessive erfasst, und anschließend im Zusammenhang einer Partitur abgebildet.

Weil ein Transkriptionsinstrument umso befriedigender ausfallen wird, je besser es zu den Eigenschaften des Mediums passt, folgt die Form der Feldpartitur den oben genannten Eigenschaften des Mediums: die Multikodalität des Datentypus, die Simultaneität der einzelnen Komponenten, sowie deren Prozessualität innerhalb eines Zeitkontinuums.

Der erste Schritt zur Erfassung der Datenkomponenten liegt dabei für Forschende in der *Identifizierung* der in ihrem Video gleichzeitig erscheinenden Bild-, Audio- und Prozesskomponenten. Dieser Identifikations- und Differenzierungsprozess wird derzeit in fünf unterschiedlichen Transkriptions-Prozeduren angewandt: Neben der repräsentationalen Erfassung visueller Information durch eine *frame-by-frame*-Darstellung von Einzelbildern erfolgt die Transkription von Sprechdaten *(‚transcript')* gemäß Transkriptionsstandards, die Notation mittels unterschiedlicher notationaler Subsysteme *(‚notescript')* sowie, hiervon kategorial zu unterscheiden, die Kodierung von Bild- und Ausdrucksdaten *(‚codescript')*. Schließlich ist die *Verbalumschreibung* von Bedeutung bei der Erfassung von Handlungsprozessen, oder für unterschiedliche Formen des Memoing (Textabschnitte I/3.6.).

Zusammenfassung

Erst mithilfe der Partiturschreibweise ist im Anschluss an die Erstellung der Partituren möglich, was der menschlichen Wahrnehmung nicht gelingt: die horizontale Analyse des Zeitgeschehens als auch die vertikale Analyse der gleichzeitigen Ereignisse sind nun in isolierter Weise möglich. Die *wechselweise* Analyse und/oder der Vergleich der beiden Dimensionen zu- und miteinander führt über einen schrittweisen Prozess allmählich zu einer sinnrekonstruierenden „Entschlüsselung", etwa im Sinne einer mikroprozessualen Sequenzanalyse[8]. Der permanente Rückbezug auf die originäre Videoaufzeichnung sichert dabei die Interpretation der Forschenden. Die Transkription mit der Feldpartitur bedeutet im Vergleich zur textbasierten Transkription aufgrund des Passungsverhältnisses zum Datentyp Video daher erweiterte kognitiv-analytischen Möglichkeiten für die videobasierte Sozialforschung in ähnlich umfassender Bedeutung, wie es die Entwicklung der Schreibschrift im System der Sprache oder die Entwicklung der Notenschrift im System der Musik zur vormals verbal-mündlichen Überlieferung bedeutete (Einzelfallbeispiele Textabschnitte II/1.–II/3.).

Zusammenfassend lässt sich sagen: Die Feldpartitur wird innerhalb der in diesem Buch geschilderten Zielgruppe *nicht* als ein Instrument für das konkrete Verständigungshandeln (z. B. der face-to-face-Kommunikation) erörtert (welche sie in anderen Zusammenhängen ist), sondern als ein methodenneutrales Forschungsinstrument wird sie in ihren vier Funktionsweisen dargelegt: Forschungsrelevante Bedeutungsträger auf der Basis audiovisuellen Datenmaterials werden mithilfe des *(a) Analyseinstruments* der Feldpartitur über Prozesse der Aneignung differenziert und zunehmend dicht und begrifflich erfasst und visualisiert. Hier kann das Instrument Feldpartitur als *(b) Qualifizierungsinstrument* bezeichnet werden, da es die Wahrnehmungs- und Aneignungsprozesse eines Videos in unterschiedlichen Phasen des Forschungsprozesses – auch im Rahmen von Lehrveranstaltungen – unterstützt. Die Feldpartitur dient am Ende eines reflexiven Forschungsprozesses als *(c) Darstellungsinstrument*, z. B. für die Darlegung einer ausgewählten Schlüsselsequenz; Bilddaten können bei Bedarf nach der Transkription zum Zweck der Publikation aus der Partitur entfernt werden. Schließlich können mit der Feldpartitur deskriptive Möglichkeiten auch in Kombination mit quantitativen Fragestellungen verfolgt werden (Feldpartitur als *(d) Messinstrument*). Auf diese Weise bilden die empirisch nachvollziehbaren Einzelkomponenten eines videodokumentierten Handlungsprozesses mithilfe der Feldpartitur ein nunmehr nicht mehr analoges, sondern diskursfähiges, schriftsprachliches Dokument als Grundlage für den wissenschaftlichen Diskurs.

---

[8] Siehe zur „Begabung zur synthetischen Intuition" Panofsky 1987 b, S. 221; Kontextualisierung der Sequenz innerhalb der Situation Reichertz 2007, S. 291 ff ; Zum Verhältnis zwischen Teil und Ganzem auch Raab, 2008, S. 49 ff.

Aufbau des Buches

Teil I des vorliegenden Bandes der Reihe „Qualitative Sozialforschung" beinhaltet eine theoretische Annäherung an den Datentypus Video. Auf der Basis der Zitation aktueller Literatur (Textabschnitt I./1.) und der Vorstellung gängiger Transkriptionssysteme (Textabschnitt I./2.) werden die Materialeigenschaften des Datentypus Video innerhalb unterschiedlicher Video-Kategorien beschrieben und anschließend hinsichtlich der forschungspraktischen Arbeit mit der Feldpartitur systematisch kategorisiert (Textabschnitt I./3.).

Teil II des vorliegenden Buches legt anhand von drei Einzelfallbeispielen dar, wie das System der Feldpartitur bislang in der Forschungspraxis angewendet wurde. Bei diesen Ausführungen handelt es sich um einen ersten Versuch, sich in der Transkription von Videodaten auf der einen Seite auf vorhandene Konventionen zu berufen, und diese auch für die Transkription eines Videos zu nutzen, wo dies sinnvoll erscheint – etwa bei der Transkription des Sprechens im Video oder bei der Transkription von Text im Bild. Es soll darüber hinaus auf der anderen Seite durch die Bezugnahme auf weitere vorhandene Notations- oder Kodierungs-Systeme – etwa der Filmsprache (wie im Einizelfallbeispiel Reichertz und Hilt) oder der Musiknotation (wie im Einzelfallbeispiel Moritz) – die Möglichkeiten zur Weiterentwicklung der Thematik Video-Transkription angedeutet werden, die sich keineswegs auf Textdaten (insb. Transkription gesprochener Sprache) begrenzt.

Die Ausführungen in diesem Buch sind dabei nicht als das Ende sondern als der Anfang eines Auseinandersetzungsprozesses mit der komplexen Thematik Videotranskription gedacht.

Teil I Grundlagen

1 Literatur, zentrale Begriffe, Kategorisierung des Datenmaterials

In jüngster Zeit beschäftigen sich verschiedene Disziplinen angesichts des visual turn[10] in der deutschsprachigen Qualitativen Sozialforschung kritisch mit der zugrundeliegenden Methodologie zum Umgang mit Videodaten, und entwerfen eine je eigene Methodik. Überblickende Literatur zur Reflexion des forschungsmethodischen und – methodologischen Umgangs mit Videomaterial in den Sozialwissenschaften (vorzugsweise Rekonstruktive Wissenssoziologie, Objektive Hermeneutik und Hermeneutische Wissenssoziologie) sind im deutschsprachigen Raum etwa überblickend bei Corsten, Krug, Moritz 2010; Reichertz, Englert 2010; Knoblauch et al 2010; Knoblauch 2009; Bohnsack 2009; Knoblauch et al. 2008; Raab et al. 2008; Mikos et al. 2005; Kurt 2002 und Schnettler 2001 zu finden, weiterhin sind überblickend Heath et al. 2010; Schnettler, Raab 2008; Banks 2001; Pink 2001; Emmison, Smith 2000; van Leeuwen et al. 2001 zu benennen. Im Bereich der Bildungs- und Erziehungswissenschaften, welche Anwendungsweisen der Videoanalyse (Video zur Verhaltensbeobachtung, Video in Form von Eigenproduktionen) aufzeigen, finden sich reflexive Ausführungen bei Dinkelacker, Herrle 2009; Friebertshäuser et al. 2007; Marotzki et al. 2006; Niesyto 2003 und Ehrenspeck et al. 2003. Wirkungsorientierte Ansätze lassen sich in der Filmtheorie (überblickend Elsaesser/Hagener 2008) finden, welche Film überwiegend aus der Perspektive der Rezeption betrachten. Insb. der neoformalistische Ansatz von Bordwell, Thompson 2010 ist hier von Bedeutung. Interessante Perspektiven werden durch die in der Qualitativen Sozialforschung bislang verhältnismäßig wenig zitierten Film- und Designwissenschaften, (siehe hierzu überblickend Hilt 2010, ausführlich Joost 2008) der Filmsemiotik (Metz 2000; Metz, Blüher 2000; Barthes 1990; Eco 1977), Mediensemiotik (Hess-Lüttich et al. 1990) sowie der Einflüsse zur Deutung filmischer Elemente mit Methoden der Psychoanalyse (Lacan 1973) erzielt.

---

[10] Gründe für die – auch unter ähnlich plakativen Titeln wie *„iconic turn"* (Boehm 1996) *„pictorial turn"* (Mitchell 2008) oder gar *„Video Revolution"* (Secrist et al. 2002) bekanntgewordene *–Bewegung* werden von Schnettler und Raab 2008 insbesondere in drei Faktoren gesehen:*"...surely three factors have had a decisive influence: (a) the end of the logocentric paradigm, (b) the massive dissemination of visual media, and (c) the proliferation and easy access to visual devices in scientific research practice during the last decade. (Schnettler, Raab 2008, S. [25])*.

Die Literaturrecherche auf der Basis der angegebenen Werke erlaubt die Aussage, dass videoimmanente Informationen in fast allen derzeit[11] innerhalb der qualitativen Sozialforschung verwendeten Systemen reduziert werden auf zwei ihrer Komponenten: Bild und Text.

Erstens werden der Konstituente des *Bildes* als des ‚eigentlichen' Bedeutungsträgers im Video eine einseitige Aufmerksamkeit gewidmet (vergleiche auch die Ausführungen im Textabschnitt I/2.). Ganz unterschiedliche Bildtheorien werden zur Interpretation oder Aneignung des Bild-Gehaltes herangezogen: Während etwa bei Wittgenstein in das Bild *„eine komplexe Weltontologie integriert ist, die nicht zwangsläufig zeichenhaft sein muss" (Trautsch 2010, S. 1)*, beschäftigen sich andere Bildtheorien semiotisch mit dem Bild als einem Symbolsystem. Bild in dieser Definition wird im Wesentlichen durch syntaktische und semantische Eigenschaften konstituiert (so etwa überblickend bei Scholz 2009). Weitere Theorien zur Bildinterpretation sind vorfindlich bei Gadamer (siehe zur allgemeinen Wesensverfassung des Bildes 1990, S. 153); vielzitiert insbesondere Panofskys Ikonographie und Ikonologie (1955) und Barthes Theorie zum stumpfen und entgegenkommenden Sinn (1990). Weitere theoretische Hintergründe sind für die Qualitative Sozialforschung zu finden in den Bildtheorien von Sachs-Hombach (Sachs-Hombach 2009, Boehm 2006a), Imdahls Ikonik (Imdahl 1996) aber auch Warburgs Ikonologie und Bilderatlas Mnemosyne (Wuttke 1998). In bildfokussierenden Forschungsmethoden werden der Analyse folglich stehende Einzelbilder (sog. stills, frames, screens) zugrundegelegt. Diese Einzelbilder werden in allen mir bekannten Fällen einer Linearisierung unterzogen (vgl. kritisch hierzu die Ausführungen in Textabschnitt I/2.2., S. 25), und je nach zugrundeliegender Methodologie und Forschungsmethode analysiert.

Zweitens erhält in vielen Forschungsansätzen das im Video enthaltene *Sprechen* der abgebildeten Akteure einseitig Gewicht. Videos in diesen Forschungstraditionen werden in vielen Fällen identisch behandelt wie auditive Aufzeichnungen (etwa eines Interviews mit einer Feldperson). Visuell vermittelte Informationen im Video werden innerhalb dieser Methoden entweder gar nicht erfasst, oder durch einen Kodewechsel in Form einer Verbalumschreibung (also eines Textes) analysiert (siehe kritisch zu auf Sprech- und Textdaten reduzierte Auswertungsmethoden Corsten 2010, S. 14 f, Bohnsack 2009, S. 133 ff, Schnettler, Raab 2008; Marotzki, Stoetzer 2006, S. 16).

Sowohl das Bild wie das Sprechen sind jedoch lediglich einzelne Konstituenten der Videofilme, mit denen ForscherInnen der hier genannten Zielgruppe

---

[11] Behandelt werden in dieser Veröffentlichung methodische Ansätze, die in aktuellen Veröffentlichungen seit etwa der Jahrtausendwende bis zum Zeitpunkt Mai 2011 angewandt werden. Zur Entstehungsgeschichte visueller Forschungsmethoden vergleiche Heath, Hindsmith, Luff 2010 (vorw. Ethnomethodology und Konversationsanalyse), Schnettler, Raab 2008 zur Video-Analyse in der Qualitativen Sozialforschung (Soziologie).

zu tun haben. Weitere Einzelkomponenten wie Geräusch, Musik etc., insbesondere jedoch die vielschichtig ineinandergreifenden Prozess- und Ausdruckskomponenten einer Audiovision (siehe Textabschnitt 3.3.6) stellen Forschende vor ein erhebliches forschungspraktisches Problem, weil *„dieser Horizont synchroner Bildverweise (...) die Sequentialität der Daten und der Vorgehensweise unterbricht"* (Knoblauch 2004). In allen bisherigen Transkriptionsinstrumenten (Textabschnitt 2.1. bis 2.3.) gehen aus diesem Grund mindestens bedeutungskonstituierende Prozess- und Ausdruckskomponenten eines Videos verloren.

Forschende insbesondere der hermeneutischen Forschungstraditionen wählen in vielen Fällen aus diesem Grund den Weg der ausschließlichen verbalen Umschreibung des Handlungsgeschehens. Dem multikodalen Datentypus Video (Hess-Lüttich 2003) kann jedoch eine verbale Umschreibung weder in seinen vielschichtigen Handlungsebenen noch in seinen „filmischen" Komponenten (wie z.B. die Montage des Films, seine bewusst oder unbewusst gewählten Kameraperspektiven oder spezifische Inszenierungstechniken des vorliegenden Filmmaterials, siehe Barthes 1990, S. 63) gerecht werden. *„Natürlich kann das nicht gelingen (...). Gleiches würde passieren, wenn man versuchen würde, die Töne eines Musikstücks möglichst verlustfrei in Text zu transformieren."* (Reichertz, Englert, S. 21–22) Dementsprechend finden derzeit etliche Datenkomponenten eines Videos mangels eines geeigneten Erfassungsinstrumentes keine oder nur eine sehr umständliche Beachtung (vgl. daher kritisch zu Formen aktueller Videoanalyse Reichertz, Englert 2010 und die aus dieser Problematik resultierende Entwicklung des Notationssystems HaNoS; i.a.S. Raab 2008; Knoblauch et al. 2006; Knoblauch 2004).

Eine weitere Problematik im forschenden Umgang mit dem Video entsteht durch die heterogenen Erscheinungsweisen, innerhalb welcher es auftritt. Ein Video oder ein Film kann in der mediatisierten Gesellschaft einseitig-technologisch hinsichtlich seiner formal-strukturellen Erscheinung für Forschende bedeutend sein. Oder es kann, als gedachter Gegenpol, im konstruktivistischen Sinn eher als ein Wahrnehmungs- oder Rezeptionsphänomen betrachtet werden[12]. Soziokulturell ist es möglich, das Video bezogen auf sein implizites kulturelles Wissen[13], systemisch oder auch strukturell-semiotisch im Rahmen weiter oder enger gefasster Semiosen innerhalb einer vorfindlichen Gesellschaft aufzufassen[14].

Das für die vorliegende Zielgruppe höchst heterogene Videomaterial wird dementsprechend in der forschungsmethodischen Fachliteratur unterschiedlich kategorisiert. Knoblauch erwähnt im Jahr 2004 (S. 128 ff) neben den beiden oben bereits genannten Ebenen der Bildanalysen (in denen Videos mit einer Hermeneu-

---

[12] Siehe zu dieser Dichotomie die Literatur der Filmtheorie, insb. die vielzitierte Gegenüberstellung der Rahmen- und Fenstermetapher bei Elsaesser, Hagener 2007, S. 23 ff.
[13] Hermeneutische Wissenssoziologie Soeffner 2004.
[14] Z.B. Posner 2003, Hess-Lüttich 2003.

tik analysiert werden, wie sie auch für stehende Bilder gilt) und der Übertragung in sprachliche Bildbeschreibungen (um anschließend diese – also textuelle – Daten zu interpretieren) noch folgende drei Richtungen: Erstens die standardisierten codierten Analysen wie etwa experimentelle, gestellte oder nachgespielte Situationen, zweitens die Erstellung von Code-Kategorien für Verhalten und konversationsanalytisch orientierte Analyse audiovisueller Aufzeichnungen natürlicher Situationen sowie drittens die hermeneutisch geprägte Sequenzanalyse. Raab (2002) und Reichertz Reichertz, Englert (2010) unterscheiden den Datentypus Video dahingegen innerhalb hermeneutisch-wissenssoziologischer Fallstudien in Datenkomponenten, welche sich als „vor der Kamera", und Datenkomponenten, welche sich als „hinter" oder „mit der Kamera" verorten lassen. Weitere Klassifikationen des Forschungsmaterials werden bei Corsten 2010, S. 8 ff, Hilt 2010, Reichertz, Englert 2010; Bohnsack 2009; Friebertshäuser et al. 2007; Marotzki et al. 2006; Ehrenspeck et al. 2003 vorgeschlagen.

In der vorliegenden Arbeit werden Videos *nicht* entlang ihres Genres, Ihres Verwendungszweckes oder ihres Produktionskontextes kategorisiert, sondern methodenneutral und auf einer elementareren Ebene werden die *„kleinen Einheiten"* des multikodalen Datentypus Video in Form einzelner *Konstituenten* entsprechend der späteren Transkriptionsvorgänge zunächst systematisch kategorisiert (S. 59). Diese kleinen Einheiten lassen sich in *allen* oben genannten Videokategorien, die Forschenden vorliegen, finden, – jedoch in immer unterschiedlicher Gewichtung und natürlich vor allem in unterschiedlicher Bedeutungszuschreibung (!).

Der Kategorisierung zugrunde liegen im Wesentlichen Goodmans Ausführungen zur Symboltheorie 2007, „Sprachen der Kunst"[15]. Wie sich zeigen wird, finden in der Feldpartitur auf mikroprozessualer Ebene *Verbaltranskriptionen, Notationen, Notationsschemata* und *repräsentationale Subskriptionszeichen* Verwendung. *Verbalumschreibungen* oder die *Vergabe von Codes* erscheinen sinnvoll zur makroprozessualen Erfassung videoimmanenter Information im Zusammenhang mit qualitativen Kodierungs-/Interpretations- oder Aneignungsprozessen. Die mikro- oder makroprozessualen Konstituenten eines Videos werden im System Feldpartitur zunächst in zirkulären Forschungsprozessen *identifiziert*, die *sys-*

---

[15] Goodman differenziert Notationen, Notationsschemata und repräsentationale Systeme. *Notationen* werden definiert durch die fünf Kriterien der Eindeutigkeit, der syntaktischen und semantischen Disjunktivität, der Differenzierung und begrifflichen Bestimmung. Das Symbol in der Notation ist das Mittel der Bezugnahme; Bedeutung erhält ein Symbol durch die Referenz innerhalb eines Bezugsrahmens. Erfüllungsbedingung einer Notation ist die Aufführungsmöglichkeit, d.h. innerhalb des Bedeutungsrahmens identische Wiedergabe des Notierten an anderem Ort und zu anderer Zeit. Ein *Notationsschema* wird dahingegen gekennzeichnet durch fehlende syntaktische Differenzierung, wie etwa eine Skizze oder ein Tonhöhenverlauf. Repräsentationale Systeme (das Abbilden, das Darstellen, Musik eines Gedichts, Gemälde eines Gesichts …) kennzeichnen sich dem gegenüber durch Dichte sowie das Fehlen der Artikulation.

tematische Partitur als fixiertes Strukturbild und nicht zuletzt empirischer Beleg liegt dann der weiteren analytischen Arbeit zugrunde.

Zur ersten großen Gruppe der kategorisierten Videokonstituenten zählen die im Video *„dargestellten Akteure und Objekte"*[16], welche visuelle, aber gerade auch rein auditiv dargestellte Inhalte eines Videos umfassen. Diese Akteurs- und Objektinhalte sind aus einer determinierten Perspektive in einer bestimmten Rahmung durch die technische Protokollierung auf dem Videoband zu sehen und zu hören (nicht aber zu riechen, zu schmecken und zu tasten[17]). Im Rahmen qualitativer Sozialforschung handelt es sich bei diesen Inhalten zuvorderst um *menschliche Akteure:* Die Kamera soll das *Verhalten* und/oder die *Handlungen* der zu beobachtenden (oder auch aus dem off zu hörenden) Personen(gruppen) über eine bestimmte Zeitspanne technisch protokollieren und im Sinne eines „Realitäts-Abbildes" fixieren (siehe hierzu die Ausführungen in Textabschnitt 3.1.1.). Videos dieser Kategorie dienen häufig dazu, nichtsprachliche Kommunikationshandlungen wie das Gestikulieren von Lehrkräften im Musikunterricht, die rhetorischen Ausdrucksmittel charismatischer Soziologen oder die Interaktionsweisen Pflegender in einer gerontopsychiatrischen Einrichtung aufzuzeichnen und zu erforschen. In diese Kategorie dargestellter Akteure und Objekte fallen weiterhin die jeweiligen *Artefakte* der Beteiligten. Alle diese Objekte sind schließlich innerhalb einer spezifischen *räumlichen Konstellation beweglich* oder *nichtbeweglich* vorzufinden.

Diese erste Kategorie von Videokonstituenten begrenzt sich also zunächst (!) – und nur theoretisch – auf die audiovisuell vermittelten Inhalte einer Videoaufzeichnung *(„das Dargestellte").* Sie ignoriert zum Zweck der theoretischen Abgrenzung sowohl die Entstehungsbedingungen und -einflüsse der Produktions- oder Prä-/Postproduktionsphase des Videos, die filmstrukturell-ästhetischen Komponenten der Darstellung des Abgebildeten wie auch eventuell vorhandene Kontextdaten. Dieser erste genannte Video-Typus bildet die größte Gruppe an Videomaterial in der qualitativen Sozialforschung. *„Fast alle Interpretationen*

---

[16] Häufig wird in der Qualitativen Sozialforschung von „abgebildeten Inhalten" gesprochen, selbst wenn auditive Komponenten (mit)gemeint sind. Diese Sprachgewohnheit verdeutlicht die einseitige Hervorhebung der visuellen zu*un*gunsten der auditiven Komponenten im Video. Es wird in der vorliegenden Veröffentlichung nicht nur vom Begriff der *„Abbildung"* zugunsten des Begriffes *„Darstellung"* Abstand genommen, sondern auch die Unterscheidung zum Begriff des Repräsentationalen vorgenommen. Der Begriff der Darstellung (performance) umfasst – im Gegensatz zum Begriff der Repräsentation – nicht nur das „Wie" aller Medien – Sprechendes, Verschriftlichtes, Zeitstrukturelles, Visuelles, Lauthaft/Auditives, Bewegtes, Räumliches – sondern auch deren Ausdruck (siehe Ausführungen Textabschnitt 3.3.6.3.), und wird daher dem vorliegenden Zweck eher gerecht.

[17] Video vermittelt derzeit nur auditive (Hören) und visuelle (Sehen) Wahrnehmungsdaten, jedoch (derzeit noch) nicht olfaktorische (Riechen), gustatorische (Schmecken) und taktile (Tasten). Auch die kinästhetische Wahrnehmung (Stellung von Körpergliedmaßen im Raum) findet noch keine Anwendung im gängigen Video-Format.

von Bildern und Videos beginnen mit dem Offensichtlichsten: Der Oberfläche bzw. der Handlung vor der Kamera, die in den meisten Ausdeutungen im Vordergrund stehen." (Reichertz/Englert 2010, S. 50). Die meisten Konstituenten, die von Forschenden der hier angesprochenen Zielgruppe erfasst werden, sind dieser Kategorie zuzuordnen.

→ Exemplarisch für diese erste Video-Kategorie des Abgebildeten wird das Einzelfallbeispiel „Das Duell" im Textabschnitt II/1. ausgeführt. Es handelt sich um die videografische Beobachtung des realen Klavierunterrichts. Verwendete Software ist das Musiknotationsprogramm finale Version 2008.

In der zweiten Video-Kategorie, die als *„Kategorie des Filmstrukturellen"* bezeichnet werden soll, wird das Video als Forschungsgegenstand in seinen materiell sich manifestierenden *filmstrukturellen Eigenschaften* und der damit einhergehenden *formal-ästhetischen Ausdruckskomponenten* betrachtet[18].

Bei flüchtiger Betrachtung lassen sich Videos dieser zweiten Kategorie zunächst nur dem professionell hergestellten Video zuordnen, denn Videos werden bewusst hinsichtlich spezifischer Wirkungsmechanismen (siehe überblickend Joost 2008) innerhalb unterschiedlicher Genres (Fernsehen, Kunstfilm, Spielfilm, Dokumentarfilm etc.) und institutionell-kultureller Kontexte produziert. Sie werfen dabei sowohl historische wie kulturelle Dimensionen innerhalb gesellschaftlicher Abläufe auf, die dementsprechend einen systematischen Zugang zur Rekonstruktion der im Video repräsentierten impliziten Wissensbestände liefern.

Im Rahmen zunehmend mediatisierter Kommunikationsformen unserer Gesellschaft durchziehen und prägen Bewegtbilder jedoch immer weitere Schichten auch des Alltagslebens innerhalb einer zunehmend vom Text zum Bild sich bewegenden Gesellschaft. Das Video als ein *Dokument* wird in dieser Kategorie für Forschende daher nicht nur, wie oben ausgeführt, im Wechselgeschehen seiner Semiosen (also der kommunikativen Eingebundenheit innerhalb der Gesellschaft), sondern auch in seiner ihm ganz eigenen Materialität bedeutsam: Die technischen und künstlerischen Mittel einer Filmproduktion – etwa die rhythmisch dichte Schnittfolge vor einem dramatischen Höhepunkt im Spielfilm oder die mittels Froschperspektive zum Ausdruck gebrachte Bedrohlichkeit der Körperhaltung eines Akteurs – lassen sich als relevant für die Rekonstruktion der jeweiligen Bedeutung bezeichnen, weil sie inkorporiertes bzw. implizites Wissen repräsentieren.

Auch wenn die meisten Forschenden sich mit der erstgenannten Video-Kategorie des Dargestellten beschäftigen, und Videos darüber hinaus in vielen Fällen nichtprofessionell zum Zweck der Erforschung unter Nichtbeachtung der Inszenierungs-, Schnitt-, Beleuchtungs- und Montagetechniken von den Forschenden selbst produziert werden, sind dennoch die filmstrukturellen Kategorien eines

---

[18] Wie bereits erwähnt, handelt es sich bei dieser Kategorisierung um eine theoretische zum Zweck der Differenzierung. Auch die erste genannte Videokategorie enthält die Komponenten des Filmischen.

vorliegenden Videos für Forschende relevant. Neben der Ebene des Dargestellten spielen auch in den zu Forschungszwecken produzierten Filmen die Ebenen der Inszenierung, Kadrierung und Montage des Filmmaterials stets eine Rolle – meist ist dies Forschenden nur nicht bewusst. Exemplarisch kann an dieser Stelle genannt werden die Reflektion der Positionierung der Kamera bei der Aufzeichnung des Feldes (Stichwort: subjektiver Standort der Forschenden) oder auch die Reflexion der Auswahl einer relevanten Schlüsselsequenz zum Zweck der Präsentation auf einer Tagung.

→ Die zweite Video-Kategorie „das Filmische" soll im Einzelfallbeispiel II/2: „Ein Hund fährt schwarz" (aus: Reichertz, Englert 2010), eine hermeneutisch-wissenssoziologische Analyse eines kommerziellen Films, exemplarisch ausgeführt werden. Die verwendete Software in diesem Einzelfallbeispiel ist die Software Feldpartitur in der Betaversion 2011.

Eine Mischform, die sowohl die dargestellten Akteure und Objekte wie auch das Videodokument selbst zum Forschungsgegenstand hat, bildet die dritte, hochkomplexe Video-Kategorie, die sog. *medialen Eigenproduktionen* von Feldpersonen, etwa von Amateuren im Alltag (Raab 2002, Reichertz 2000, Mikos 2005) oder etwa von Kindern (Hilt 2010) oder Jugendlichen (Niesyto 2006; Marotzki et al. 2006). Hier werden Beforschte nicht nur als *dargestellte,* sondern *zusätzlich* als *darstellende* FilmproduzentInnen tätig, was eine weitere und sehr komplexe Interpretationsebene eröffnet.

→ Diese dritte Videokategorie der „Eigenproduktionen" wird im Einzelfallbeispiel Teil II/3. „Am meisten gefällt mir der Wasserfall", einer Analyse des von Kindern produzierten Filmmaterials in einem medienpädagogischen Projekt, ausgeführt.

Bevor im Textabschnitt 3. auf die Eigenschaften des Datentyps Video im Rahmen der hier vorgestellten drei Video-Kategorien eingegangen wird, sollen zunächst die derzeit gängigsten Videoanalysemethoden und Transkriptionssysteme in gebotener Kürze und unter Zitation einiger Literatur (kein Anspruch auf Vollständigkeit) aufgeführt werden, um auf der Basis dieses Einblickes in die *aktuellen Forschungstraditionen* die *Passung* und *Erweiterung* des Systems Feldpartitur im Detail aufzuzeigen.

2 Erfassung videoimmanenter Information in der Qualitativen Sozialforschung

Die Thematik der Transkription von Videodaten betrifft neben der *Erforschung mediatisierter Kommunikationsprozesse* innerhalb der Mediengesellschaft (Arbeit *über* das Video/Bewegtbild/Internetanimation etc.) die Erforschung der Gesellschaft mittels Video als einem spezifischen *Beobachtungsinstrument* (Arbeit *mit* dem Medium Video).

Die entsprechenden Ansätze umkreisen dabei vielfältige Forschungsfragen etwa aus der Markt-(Wirkungs)forschung die Thematik *„Welche Filme sprechen welche Zielgruppe wie an und warum?"* (Werbefilm, Fernsehen, Dokumentarfilm, Politischer Film, Kunstfilm...), aus der Kommunikations- und Medienforschung: *„Welche Veränderungen lassen sich durch die zunehmende Kommunikation über das Medium Video in der Gesellschaft beobachten?"* (alle Video-Genres), aus der Polizeiforschung: *„Mikroanalyse mimischen Ausdrucks in Verhörsituationen"* (Videobeobachtung), aus der Erziehungsforschung *„Welche Handlungsstrategien praktizieren Lehrende und SchülerInnen im Unterrichtsgeschehen?"* (Videoaufzeichnungen des Unterrichts, Video-Eigenproduktionen von Kindern und Lehrkräften) oder etwa aus der Jugendforschung *„Welchen affektiven/kulturellen Nutzen ziehen Jugendliche durch den Konsum neuer Medien?"* (Animationsvideo, Videospiele, Eigenproduktionen von Kindern, kommerzieller Film, Fernsehen...) – um eine Auswahl angesprochener Zielgruppen zu benennen.

Die Erfassung der Informationen im Video mit der Feldpartitur erfolgt mit unterschiedlichen Arbeitsinstrumenten, die in diesem Textabschnitt kurz erörtert werden sollen. Wie die Ausführungen zeigen, entwickelten sich die Video-Erfassungsmethoden sukzessive aus der Texttranskriptions-Tradition. Die Text-Transkriptionspraxis hat sich mittlerweile über viele Jahre bewährt, weshalb entsprechend differenzierte und verlässliche Arbeitsinstrumente vorhanden sind, auf welche Forschende zurückgreifen können. Forschungshistorisch führte dies jedoch dazu, dass die – im folgenden kurz erörterten – Transkriptions-Systeme (mit Ausnahme der unten aufgeführten Systeme Akira und Notationsprotokoll) sich auf die Erstellung textbasierter Transkripte eines Videos spezialisiert haben, und zwar selbst dann, wenn ausschließlich Videodateien als Datenmaterial verwendet werden (siehe zum Beispiel Kuckartz 2005).

Die bestehenden Methoden zur Erfassung von Videodaten lassen sich, wie die folgenden Darlegungen zeigen werden, in einen Bereich zwischen den gedachten Polen einer konventionellen (Text-)Transkription bis hin zu einer interpretierenden Kodifizierung eines Videos einordnen. Innerhalb dieser gedachten Pole werden dabei grundsätzlich drei „Logiken" der Transkription unterschieden (siehe zur Unterscheidung Edwards 1993): die *„horizontale Logik"* (z.B. nach Atkinson et al. 1984, das System der Halbinterpretativen Arbeitstranskription, HIAT, nach Ehlich 1993; Rehbein 1993) bezieht sich überwiegend auf die Linearstruktur etwa der gesprochenen Sprache. Unter horizontaler Logik lassen sich erstaunlicherweise auch bildzentrierende Verfahren etwa der hermeneutischen Bildinterpretation (Raab) oder der Dokumentarischen Forschungsmethode (Bohnsack) verzeichnen, – wie weiter unten im Detail ausgeführt werden wird. Eine *„vertikale Logik"* (z.B. GAT Sacks et al. 1974; Selting 1998) berücksichtigt – innerhalb der gesprochenen Sprache – die Gleichzeitigkeit des Sprechens etwa den zeitlich-überlappenden Sprecherwechsel zweier SprecherInnen. Als dritte Logik wird eine *„Transkription in Spalten"* zum Zweck der Separation von Handlungssträngen geführt (z. B. Filmprotokoll nach Faulstich 2008a). Hierzu zählen textbasierte Tabellentranskriptionen wie etwa bei (Raab 2008; Raab et al. 2008) oder das auf textuellen Kodes beruhende HaNoS (HAndlungsorientiertes NOtationsSystem) nach Reichertz, Englert 2010.

Die Transkription mit der Feldpartitur greift *die bestehenden Logiken auf* und vereint vorhandene Transkriptionsweisen mit vorhandenen notationalen Subsystemen mit dem Zweck, videoimmanente Informationen mediengerecht zu erfassen. Darüber hinaus ergänzt die Feldpartitur die Transkription von Videos mithilfe von Kodierungsfunktionen.

2.1 Filmprotokolle

Die Erfassung von Videos (und auch Filmen) wird häufig durch sogenannte „Filmprotokolle" vorgenommen. In der Filmanalyse konnte sich nach Joost (2008, S. 62) bislang kein einheitliches Verfahren zur Erfassung des Filmes durchsetzen, sondern es existieren vereinzelte Ansätze einer Erfassung des Films nebeneinander.

Mit dem *Filmprotokoll* nach Werner Faulstich und Holger Poggel (*CAFAS*, auch *Einstellungsprotokoll* oder *Sequenzprotokoll*, siehe Faulstich 2008b) werden in voneinander abgetrennten Spalten Sequenznummerierung, Zeitangabe, Kamerapositionierung, abgebildete Handlung sowie Ton in der Gleichzeitigkeit nebeneinander erfasst, wodurch insbesondere der *Überblick* über die Filmabläufe angestrebt wird. Das im Vergleich zum Film- und Sequenzprotokoll wesentlich detailliertere Einstellungsprotokoll umfasst *„(...) Dauer, Einstellungsgrößen und Kameraaktivitäten (mit Kürzeln), eine knappe Handlungsbeschreibung sowie de[n] Tontrakt" (Korte 2005, S. 388)*. Die Handlungs- und Tonebene wird im Filmprotokoll durch verbale Umschreibung, die Kamerapositionierung durch ein Setting an Abkürzungen und Sonderzeichen erfasst (überblickend und mit Einzelabbildungen versehen siehe Korte 2005). Ein kurzer Auszug aus der Spalte „Handlung" und „Ton" soll einen Eindruck vermitteln.

E	Kamera	Sek	Handlung	Ton
…	…	…	…	…
			Arkadengang. Dann Schwenk auf den Innenhof und gegenüberliegende Häuser. Überblendung: Türschild – „Livery Stables". Scotti im Stall, dunkel, er steht vor einer Kutsche, in der M. sitzt.	
…	…	…	…	Leise, ruhige Musik mit zunehmenden Dissonanzen

Abbildung 1   Auszug aus dem Sequenzprotokoll nach Korte 2005, S. 388

Das Filmprotokoll, eignet sich zur *„systematischen Transkription von Inhaltsabläufen, insbesondere zur Differenzierung von Erzähl- und Handlungsabläufen."* *(Korte 2005, S. 387)* im Film. Es dient daher vor allem der Sequenzierung des Films und somit dem Überblick und nicht zuletzt der Zitationsfähigkeit in einer Publikation. Forschende verwenden zum Zweck der Erstellung eines Filmprotokolls konventionelle Software-Programme wie Word, Excel oder andere, die sowohl eine Tabellen- wie Textedition ermöglichen, wodurch die problemlose Handhabung möglich wird. Das Filmprotokoll lässt sich in der Forschungspraxis kombinieren mit darauf aufsetzenden grafischen Darstellungsverfahren – etwa einer grafischen Darstellung von Schnittfolgen (etwa Korte 2005, S. 389), der Analyse von Stimmhöhenverläufen (z. B. Bose, Gutenberg 2007) oder anderen physiologischen Daten.

Ein differenziertes System zur Notation von Film, welches erstmals konsequent eine visuelle Heuristik verwendet, findet sich im sog. *„Notationsprotokoll"* nach (Joost 2008). Beim Notationsprotokoll handelt es sich um eine wissenschaftliche Internetpublikation aus dem Fach der Designforschung; untersucht wurden rhetorische Strukturen des Films. Mit diesem System werden Filmszenen analysiert hinsichtlich dynamischer Entwicklung sowie Offenlegung des

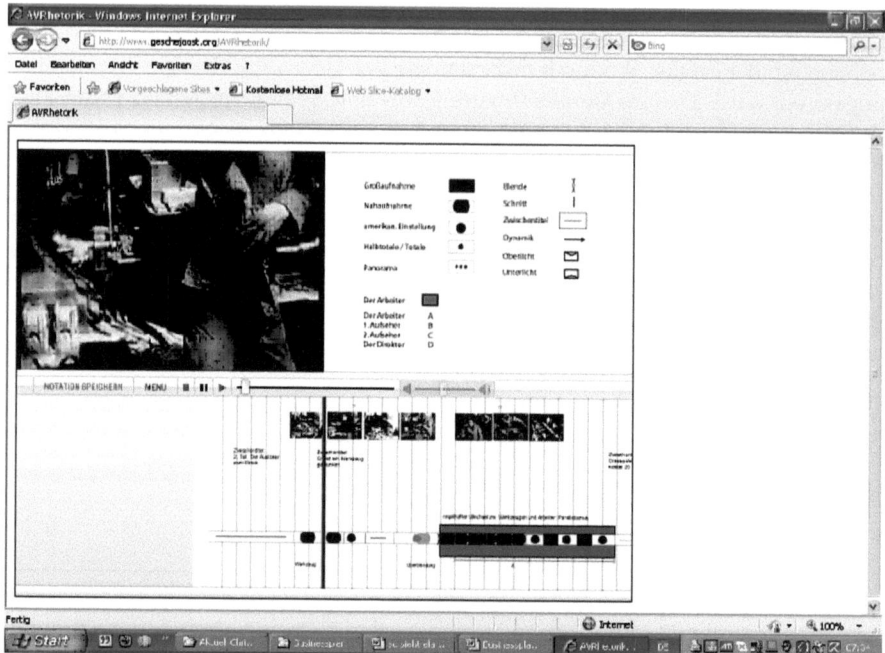

Abbildung 2   Notationsprotokoll nach Joost 2008

Konstruktionsprinzips (Joost 2008, S. 12). Die darstellende Flash-Applikation, welche im Internet parallel zu einer Buchveröffentlichung publiziert wird, weist für Qualitative ForscherInnen erweiterte kognitive Möglichkeiten zu den bislang verwendeten Methoden der Videoerfassung auf. Die Darstellung beinhaltet einen integrierten Videoplayer, eine mehrspurige Notationszeile und eine Legende, welche im Gegensatz zu allen anderen unten genannten Editoren gerade keinen Text, sondern ein symbolisches Zeichensystem zur Darstellung nicht (nur) der Handlungsebene der Akteure, sondern aller filmischer Elemente nutzt. In diesem ausschließlich visuell darstellenden System werden erstmals konsequent Zeichen und Symbole abgebildet und linear über einer Zeitleiste innerhalb definierter Notationskonventionen eingesetzt.

Desweiteren lassen sich unter Filmtheoretikern wenige alternative Notationsschemata finden, die im Folgenden aufgrund des Umfangs und der geringen Bedeutung, die sie für die hier angesprochene Zielgruppe haben, lediglich genannt werden sollen. Springer (Springer 1987) wendet sich in seinen semiotisch geprägten Analysen den narrativen und optischen Strukturen des Spielfilms zu. Das Notationsschema nach Springer orientiert sich an der tabellarischen Struktur des Filmprotokolls, verwendet zusätzlich ein System von Bildzeichen. Die Kategorien Zeit, Raum, Figur, optische Struktur/Sequenz, Prädikat und Situation werden erfasst. Die Fokussierung auf den Untersuchungsgegenstand der Syntagmen-Bildung im Spielfilm wird durch Notationszeichen der Blenden sowie eines formalen Abkürzungs- und Bezeichnungssystems für die formallogischen Beziehungen innerhalb der Einstellungen erreicht. Eine weitere Zeichenkonvention zur Beschreibung filmischer Strukturen findet sich bei Kaemmerling (1971) zur Systematisierung von rhetorischen Montagefiguren im Film auf der Basis einer Formelsprache. Ramsbott et al (1988) produzieren zweidimensionale und dreidimensionale Grafiken auf der Basis von Computerdaten über die Parameter Einstellungsgröße, Kameraachse, Perspektive, Bewegung, Special Effects und Tonebene. Bei Hahne (Hahne 1992) wird das Zusammenspiel von Filmmusik und Bildebene dargestellt, wobei auch hier die Bildebene verbal umschrieben wird.

2.2 Hermeneutische Erfassung videoimmanenter Information

In der Qualitativen Sozialforschung lassen sich innerhalb der Videoerfassungmethoden zum Einen, eher häufig, *bildfokussierende Methoden* (die das einzelne Video-Standbild ins Zentrum ihrer Arbeit stellen) und zum Anderen, sehr selten, *filmfokussierende* Forschungsansätze (welche das Narrative, den Film und seine Wirkung ins Zentrum rücken) differenzieren. (Ansätze, die bei der Transkription von Videos ausschließlich gesprochene Sprache berücksichtigenden bzw. eine Verbalumschreibung praktizieren, bleiben in diesem Textabschnitt unberücksichtigt.) Entsprechend werden *Bildtheorien* in den Forschungsmethoden verhältnismäßig häufig, *Filmtheorien* (siehe überblickend Elsaesser, Hagener 2007) verhältnismäßig selten reizipiert. Während Panofsky (1987) und Balasz (1930) betonen, der Film als ein „moving picture" bezöge seine Kraft in der Hauptsache eben aus dem *Bild* (zit. n. Bohnsack 2009, S. 140), wenden sich andere Klassiker als eigentlichem filmischen Ausdruckselement eher der *Bewegung* im Film (Deleuze 1985; Kracauer 1993), der *ästhetischen Struktur* eines Films (Metz 1972, S. 27; Souriau 1951) sowie dem *Narrativen* im Film (Metz 1972, S. 42; Bazin 1975; Thompson 1999; Eisenstein 1975) zu.

Bildfokussierende Methoden thematisieren in unterschiedlicher Weise das stehende Einzelbild aus dem Video als zentralen Informationsträger. Die Reduktion des Filmischen auf das stehende Bild erfolgt dabei zu einem Teil aus forschungsmethodologischen Gründen, zu einem anderen Teil ist diese Vorgehensweise das Resultat schlicht mangelnder technischer Möglichkeiten der Erfassung eines Videos. Das Bild im Video wird in vielen Fällen lediglich (nur) ergänzend neben den (im Vordergrund stehenden) transkribierten sprachlichen Texten innerhalb eines Videos interpretiert. Zu bildfokussierenden Verfahren zählt etwa die Video-Interaktions-Analyse (Knoblauch 2004), sie beschäftigt sich, wie der Name andeutet, mit Videos als Beobachtungsmittel von Interaktion, welche zum Zweck der Forschung produziert wurden, nicht jedoch mit filmkulturellen Produkten etwa des kommerziellen Films oder der videografischen Eigenproduktion. Die auf der struktural-hermeneutischen Bildhermeneutik (Oevermann 1979) und der wissenssoziologischen Bildhermeneutik (Soeffner 1992; Raab 2008, Kap. 5) beruhenden Verfahren beschäftigen sich inhaltlich, in Abgrenzung zur Kunstwissenschaft, mit den profanen Produkten (Willis 1981) visueller Alltags- oder Subkulturen mit den Methoden der Wissenssoziologie (Schütz, Berger/Luckmann, Soeffner), so etwa in Keppler (2006), Raab (2002), Reichertz (2000) oder filmsoziologisch Winter (1993). Es besteht die Auffassung, dass Alltagskulturen Repräsentationen des impliziten Handlungswissens einer Gesellschaft darstellen, die sich von den Theorien des Common Sense durchaus unterscheiden können (Bohnsack 2009, S. 134). Die Dokumentarische Forschungsmethode als ein dezidiert bildfokussierender Ansatz innerhalb der Videoanalyselandschaft zollt in gleicher Weise *„Respekt vor der profanen Alltagskultur" (Bohnsack 2009, S. 118).* Hier wird das Bild – sowohl aus der Verhaltensbeobachtung wie auch aus Produkten des kommerziellen Films – jedoch nicht als lediglich ergänzende Information aufgefasst, sondern mithilfe der theoretisch auf der Kunst- und Bildwissenschaft (Imdahl 1996; Ikonologie Panofsky 2006) sowie der Semiotik (Eco 1977; Barthes 1979; Sachs-Hombach et al. 1999) fundierten Methode werden bildvermittelte Informationen systematisch und nachvollziehbar erschlossen. Das Bild soll hier eine gleichberechtigte, eine „emanzipierte" Stellung im Forschungsmaterial gegenüber den Textdaten erhalten (siehe Kade, Nolda 2007). Forschungspraktisch wird dabei weniger die Bedeutung des Bildes im situativen Gesamtzusammenhang, sondern im Gegenteil in seiner sog. „Eigenlogik" in den Vordergrund gestellt.

Forschungsmethodisch wird eine „*paradigmatische Trennung*" *(Burkard 2007, S. 63)* zwischen einer (vor-)ikonografischen, auf deskriptive Vorgehensweisen zurückführbare Ebene auf der einen Seite, einer ikonologischen, sinnkonstituierenden Ebene auf der anderen Seite vorgenommen. Erst die zweite Ebene konstituiert demnach das Bild im Betrachter durch die Zuschreibung einer Bedeutung. Die Rekonstruktion von Bedeutung erfordert bei diesem Prozess die „*Begabung zur synthetischen Intuition*" *(Panofsky 1987 b, S. 221;* siehe auch Sachs-Hombach/ Rehkämper 1999) von den Forschenden.

Forschungspraktisch werden zu diesem Zweck „stills", also stehende Einzelbilder, mittels der *copy&paste-Funktion* vom Video abkopiert, und in digital festgelegten Zeitabschnitten (hier: Sekundenschritten) abgespeichert (siehe Software-Screens Textabschnitt 2.3.). Zusätzlich zur Bildinformation wird das Sprechen im Video transkribiert. Es lassen sich in dieser Vorgehensweise rein handwerklich Parallelen zu den bewährten Techniken der Filmproduktion wie Drehbuch, Storyboard oder Moodboard (Festhalten von „Stimmungen" oder „Anmutungsqualitäten") finden, denn auch dort wird eine Aneinanderreihung von Einzelbildern (jedoch in Form gezeichneter, fotografierter oder montierter Form) vorgenommen, um die Folge einer Bewegung zum Zweck der Produktion eines Filmes grafisch zu „notieren". Auch im Storyboard wird das Sprechen – allerdings weniger systematisch – zusätzlich notiert.

Anders als etwa bei einer Aneinanderreihung oder Gruppierung von Bildern in einer Kunstausstellung werden Einzelbilder in diesem Verfahren einer *Linearisierung* durch die Aneinanderreihung der auf ein passendes outcome-Format verkleinerten Einzelbilder unterzogen. Diese Form bildfokussierender Arbeit, die auch unter der Bezeichnung frame-by-frame-Analyse bekannt ist, greift demnach vom *Video* ein zeitliches Bildraster ab (z. B. in Sekundenschritten) mit dem Zweck, den ikonologischen Bildgehalt laufender Bewegtbilder zu isolieren und in der Folge schrittweise – entsprechend der zugrundegelegten Bildinterpretationsmethode – in ihrer Aufeinanderfolge zu interpretieren oder zu analysieren.

Zumeist bleibt in dieser Vorgehensweise der Linearisierung von Einzelbildern jedoch ein Aspekt unberücksichtigt: Das Bild ist gerade *kein* Kontinuum, da keiner der piktural einschlägigen Parameter (Flächen, Farben, Formen, Proportionen, Kontraste) auf dem Bild sich als ein Anfang oder als ein Ende bezeichnen ließe. Bilder sind, um eine Metapher zu zitieren, eher wie „*optische Sinfonien*" *(Reichertz 2005, S. 141),* in der die Vielfalt optischer Sinnesreize entsprechend der Wahrnehmungsgewohnheiten des Betrachtenden rezipiert wird. Begrenzung erfährt ein Bild nicht durch Anfang und Ende, sondern ausschließlich durch seinen Rahmen (Quadrage); aneinandergesetzte „Linien" aus Einzelbildern bauen daher in dieser Vorgehensweise etwas auf, für das es in der Komplexität des Pikturalen keine Entsprechung gibt, und nahezu unbemerkt unterwandert auf diese Weise in der Forschungsarbeit das Diagrammatische die Spezifik des Filmischen (siehe Textabschnitt 2.2).

Sinnvoll ist eine frame-by-frame-Analyse, wenn Konstituenten des Bildes (etwa die mise en scene eines räumlichen Szenarios) von Bedeutung für die Beantwortung der Forschungsfrage sind. Auch lassen sich durch die Still-Legung von Bewegung relevanter Einzelmomente fixieren und analysieren, nicht zuletzt darstellen. Die im Video enthaltenen Konstituenten der Bewegung sowie weitere Komponenten des Auditiven (Sprache, Geräusche, Musik) finden in bildbetrachtenden Analysemethoden aber erst durch die Kombination mit weiteren Forschungsmethoden und – instrumenten Anwendung.

Unter den *filmfokussierenden Ansätzen* in der Qualitativen Sozialforschung lassen sich handlungszentrierende Formen der Videoanalyse nennen. Diese nutzen – meist parallel mit bild- oder textfokussierenden Methoden – die verbale Umschreibung als Mittel zur Erfassung der im Video protokollierten Handlung. Zu diesem Zweck wird der videografierte Inhalt eines Videos von den Forschenden schriftlich meist durch die Forschenden nacherzählt; ein willkürlich ausgewähltes Beispiel:

> *„Der junge Mann mit dem orange-roten gefärbten Haar, der einen Kopfhörer trägt, erhebt sich vom Sofa. Er bewegt sich ‚elastisch' zur Musik, dreht sich um seine eigene Achse, führt mit den Armen ‚Schwimmbewegungen', in Richtung des Lautsprechers aus, den sein Nachbar auf der Couch mit ausgestreckten Armen hinhält."* (Pfadenhauer 2001, S. 236).

Die Schwierigkeit dieses Vorgehens der verbalen Umschreibung, welches übrigens auch bei weiteren Ausdruckskomponenten eines Videos, etwa der Musik[19] auftaucht, ist zum einen, dass die Linearstruktur eines Textes dem komplexen Handlungsgeschehen im Video nicht gerecht werden kann. *„Der Text zerstört unwiederbringlich die Gleichzeitigkeit des Eindrucks und schafft eine neue Ordnung des Nacheinander, des sequentiellen Geordnetseins."* (Reichertz, Schröer 1992, S. 143) Was ist – um ein Beispiel zu nennen – in dieser Zeit bei der zweiten anwesenden Person zu beobachten? Darüber erfährt man nichts. Deutlich wird an diesem Beispiel, was bei

---

[19] Eine Annäherung an den Ausdrucksgehalt hörbarer Musikkomponenten wird ebenfalls häufig durch die textuelle Umschreibung vorgenommen. Generell findet sich solcherlei in der Literatur zwar eher selten, soll jedoch der Vollständigkeit halber angeführt werden. Im Filmprotokoll nach Faulstich/Korte etwa ist zu lesen: *„Leise, ruhige Musik mit zunehmenden Dissonanzen"* Korte 2005, S. 389, bei Reichertz, Englert (2010, MS S. 49) wird m. W. erstmals einem unterlegten Jingle Aufmerksamkeit gewidmet: *„108 (Viertel-)Schläge pro Minute (allegretto), ein deutlich auskomponierter, durchgehender Puls. Der sich ergebende Eindruck: Kleinteiligkeit durch die vierfache Unterteilung des Taktes, mäßig-flotte Bewegtheit oberhalb eines gemäßigten Schritttempos; dies evoziert den Eindruck von Unbeschwertheit. Das Tempo zeigt dadurch eine gewisse Leichtigkeit, wirkt nicht schwer, nicht tief, sondern leichtfüßig, unbeschwert."* Beide Beispiele zeigen eine gewisse Unverbundenheit der musikalischen Komponenten innerhalb der Gesamtanalyse der Videos, was sich vermutlich auf die erforderliche musikalische Fachexpertise bei der Deutung musikalischer Strukturen zurückführen lässt. Hier stehen empirische musiksoziologische Forschungsarbeiten noch aus.

diesem Kodewechsel der Übersetzung des Ausdrucksgehalt im Video in die Sprache üblicherweise geschieht: Die durch die Autorin in Anführungszeichen gesetzte Bezeichnung ‚*Schwimmbewegung*' – ein metaphorischer Code für die (vermutlich) in einer Art Tanz vollzogenen ausladenden Bewegungsgeste der Arme des Probanden auf Brusthöhe? – evoziert durch Kombination mit der Eigenschaft ‚elastisch' und der ästhetischen Bewegungskomponente ‚Drehen um die eigene Achse' einen Verstehensprozess über den Umweg der geteilten *Assoziationslandschaft* mit der jeweiligen Leserschaft. Weitere Komponenten wie Kleidung der Person, Geschwindigkeit, kulturelle und/oder kommunikative Bedeutung von ‚Schwimmbewegungen' werden mit der verbalen Umschreibung in diesem Fallbeispiel nicht erfasst, sondern müssten anhängend in gleicher Weise erläutert werden. Kritisch bei vielen Verbalumschreibungen dieser Art lässt sich anmerken, dass die Auswahl der beschriebenen Komponenten im Video ad hoc, unsystematisch und fast immer unbegründet vorzufinden ist, wodurch die Verbalumschreibung der Handlung zum Einen verhältnismäßig undifferenziert ausfällt (siehe hierzu Schnettler 2008 [15]), zum Anderen der Nachvollzug der Verbalumschreibung praktisch unmöglich ist[20]. Reichertz, Englert 2010 erweitern in dieser Forschungstradition diese Vorgehensweise daher mit dem als wissenssoziologisch-hermeneutischen Videoanalyse benannten Verfahren[21], und berücksichtigen erstmals nicht nur das Stehendbild, sondern verfolgen mittels eines Settings von Analysewerkzeugen einen Ansatz, der visuelle, auditive und selbst filmische Komponenten nicht nur als ergänzendes Beiwerk neben der gesprochenen Sprache behandelt: Mittels sequenzanalytisch durchgeführten Aneignungsprozessen des Videos fokussiert die Forschungsgruppe möglichst viele Kodesysteme im Video (siehe Einzelfall im Teil II). Dieser Forschungsprozess wurde technisch durch zwei verschiedene Formen der Partitur-Transkription unterstützt (HaNOS und Feldpartitur).

Als derzeit populärste Richtung der klassischen *Filmanalyse* gelten die *Cultural Studies*. Diese nehmen Filme – ebenso wie Texte oder andere Alltagsdokumente – im Sinne einer „radikal-kontextualistischen" Vorgehensweise (Winter 2010, Ang 1997) vor allem *semiotisch* in den Blick (Winter 1991, Winter 2003, 2004). Das Problem der Polysemie (Barthes 1990), also der Vieldeutigkeit der

---

[20] Wie Hitzler bereits 2001 zu diesem Aspekt vermerkt: „*Jede noch so detaillierte mündliche oder schriftliche Beschreibung des audio-visuellen Datenmaterials - selbst in der avancierten Version einer ‚Gesamtpartitur', in die die verbalen und nonverbalen Handlungen vor der Kamera codiert werden - beinhaltet (...) eine Deutung durch den Verfasser. Einen unvermittelten Eindruck vom Videoclip erhält der Betrachter also nur dann, wenn er das Material ‚unvertextet' in Augenschein nehmen, sich also (im Wortsinne) sein eigenes Bild machen kann.*" Hitzler et al. 2001, S. 241, H. i. O.. In der Partitur-Transkription mit einer Feldpartitur werden die unterschiedlichen Verstehens- und Wahrnehmungsprozesse des Videos (siehe Textabschnitt 3) systematisch und möglichst reflektiert eingesetzt und dokumentiert, also nachvollziehbar für Lesende gemacht.
[21] Siehe hierzu auch die Bedeutung der „Kamerahandlung" (Raab 2002) oder der „Kamera als Akteur" (Reichertz, Englert 2010).

Zeichen innerhalb eines Videos (Hess-Lüttich 2003), wird forschungsmethodisch allein durch die Kontextualisierung (interaktiver Kontext, Kontexte im Sinne der sozialen Lagerung) aufgelöst[22] (siehe Kritische Ethnographie nach Willis 1981, Diskursanalyse nach Hepp 2004). Nach Bohnsack (2009, S. 120–121) wenden VertreterInnen der Cultural Studies insbesondere zwei unterschiedliche Verfahrensweisen an: entweder sie verfolgen eine Fokussierung der Rezeptionsweisen oder aber eine theoretische resp. historische Produktanalyse. Mikos (2003 in: Ehrenspeck/Schäffer) etwa fokussiert in zweitgenannter Gruppe mit der struktur-funktionalen Analyse die ästhetischen Strukturen des Films, wodurch die Beschränkung auf die Strukturkomponenten eines Videos und der Konventionen, die sie repräsentieren, vorgenommen wird.

2.3 Video-Transkriptionsprogramme

Die Thematik angemessener Erfassung videoimmanenter Bedeutung durch eine Form der Videotranskription wird in allen geschilderten Methoden behandelt. In den letzten Jahren gab es angesichts des ‚visual turn' Unternehmungen, nicht nur Text- sondern auch Videodaten zu transkribieren. Im Folgenden sollen die gängigsten Video-Transkriptionssysteme vorgestellt werden, allerdings nur jene, welche eine Partiturschreibweise verfolgen[23]. Wie sich zeigen wird, beschränken sich die Video-Transkriptionsprogramme derzeit auf die Transkription nonverbaler Kommunikation. Programme, die die Transkription des Sprechens oder die Verbalumschreibung eines Videos erwirken, und Programme, die sich ausschließlich auf die Kodierung von Videodaten (Video-Analyse-Programme) beschränken, werden an dieser Stelle nicht erläutert. Die einzelnen Programme unterscheiden sich hinsichtlich der Einzelfunktionen, des zu bearbeitenden Datentypus (Text, Audiodatei, Videodatei), hinsichtlich des Datenformats, der Synchronizitätsfunktionalitäten, der Kompatibilität mit weiteren Systemen, der Betriebssysteme (PC/McIntosh), der Ausgabemodi sowie der Anbindungsmöglichkeiten an weitere Auswertungs- und Datenbank-Funktionen. Im Folgenden werden in alphabetischer Reihenfolge die derzeit im deutschsprachigen Raum gängigsten Systeme genannt, sowie deren Grundfunktionen aufgeführt.

---

[22] Siehe hierzu die instruktive Publikation von Marotzki et al. 2006, welche in einer Art von Forschungsexperiment Forschende aus unterschiedlichen Fachrichtungen zur Bildanalyse ein und desselben Bildes bewegen konnte. Die Darlegungen zeigen die Möglichkeiten aber auch die Grenzen der kontextfreien Analyse von Bildmaterial anhand unterschiedlicher Methoden auf.
[23] Die folgenden Angaben zu den Transkriptions-Systemen gründen auf meiner Eigenrecherche, soweit sie mir im Internet oder Prospektmaterial zugänglich waren. Ein Anspruch auf Richtigkeit und ein Anspruch auf Vollständigkeit der genannten Systeme bestehen nicht. Zum Zweck der Eigenüberprüfung wurden die derzeit veröffentlichten Internet-Adressen genannt, um Lesenden die Eigenrecherche zu erleichtern.

Akira (Kloepfer 2003): Das Produkt verfügt über einen integrierten Videoplayer und erlaubt die Definition von Einzelspuren unter einer Zeitleiste. Das Programm, überwiegend im Bereich Filmanalyse in Anwendung, lässt sich zur Transkription und Kodierung von Videodaten verwenden. Es stellt somit gleichzeitig ein Analysesystem dar. Der Import von Videodaten des Formats *avi und *wmv (Kenntnisstand Mai 2010) wird unterstützt. Informationen unter http://www.phil.uni-mannheim.de/romanistik/romanistik3/akira3.

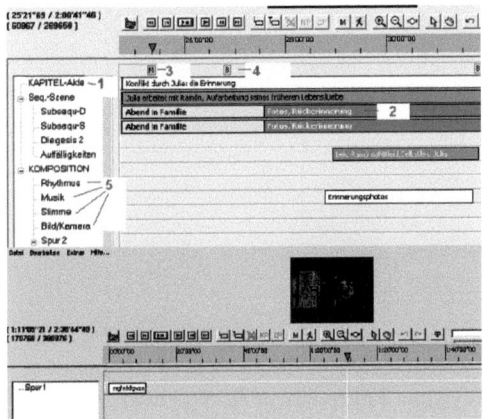

ELAN: Das Text-Transkriptionssystem des Max Planck Institute for Psycholinguistics der Universität Nijmegen ist ein leistungsstarkes Transkriptionsprogramm, welches einen integrierten Videoplayer, eine Zeitleiste und die Möglichkeit zur Übereinanderlagerung einzelner Spuren beinhaltet. Transkribiert wird Text im Rahmen des Transkriptionsstandarts HIAT. Pausen oder prosodische Elemente können mit den definierten Zeichen übereinanderliegend transkribiert werden. Informationen unter http://www.lat-mpi.eu/tools/tools/elan.

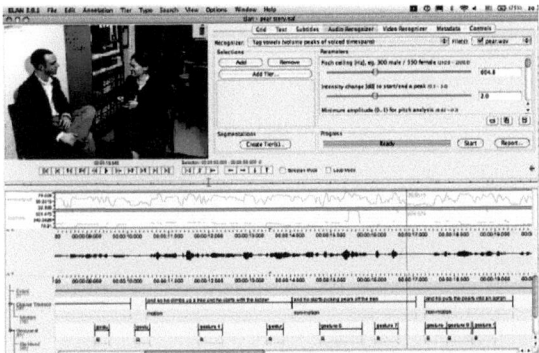

EXMARaLDA (Schmidt 2002): Das Text-Transkriptionssystem bedient sich wie ELAN des HIAT-Transkriptionsstandarts und ermöglicht die Transkription von übereinanderliegenden Sprecherspuren. Synchronisierungszeichen definieren die Gleichzeitigkeit ausgewählter Ereignisse. Weitere Informationen unter http://www.exmaralda.org/.

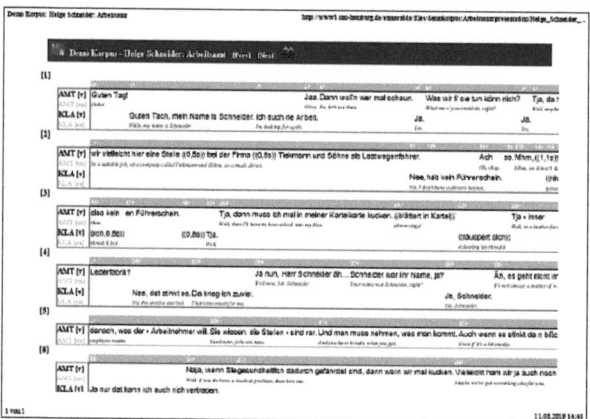

Feldpartitur (Moritz 2010): Die Software Feldpartitur konvertiert Videodaten automatisch, enthält einen integrierten Videoplayer, erstellt Einzelbilder für die frame-by-frame-Analyse, erlaubt die Definition einer nichtendlichen Menge übereinanderliegender Transkriptionsspuren (Y-Achse), in welche Textdaten („transcript"), Notationssymbole („notescript") und Kodierungen („codescript") editiert werden. Verbalumschreibung und Memoing geschieht über einen Text-Editiermodus. Die kalibrierfähige Zeitleiste (X-Achse) erlaubt die Anpassung des Feinheitsgrades der Transkription („Zwiebelprinzip"). Exportfunktionen *.xlsx, piktural als *.pdf und *.png (Ausschnitte, Gesamtpartitur). Die cloud-Technologie ermöglicht das gemeinsame und standortunabhängige Arbeiten in einem Team. Informationen unter HYPERLINK „http://www.feldpartitur.de" www.feldpartitur.de.

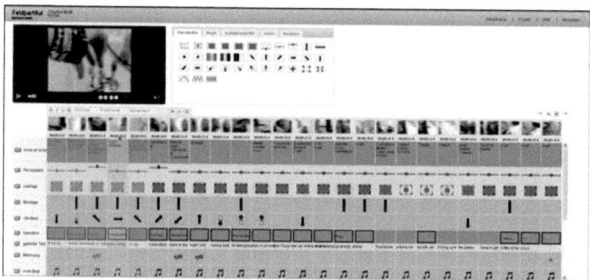

Erfassung videoimmanenter Information

Adobe Indesign/Excel: Mit diesen Softwaren lassen sich Feldpartituren über einer Zeitleiste durch bildhafte Anordnung von stills und Symbolen erstellen. Die Abbildung zeigt eine Musterseite der Transkription von Video-Eigenproduktionen von SchülerInnen mit Migrationshintergrund aus dem Projekt Hilt 2010.

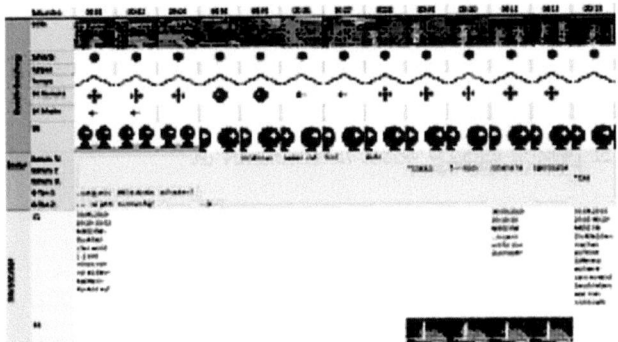

MoviScript (Przyborski, Hampl 2010): In drei übereinanderliegenden Modi werden Zeitleiste, Einzelbilder und Sprechdaten übereinanderliegend über einer Sekunden-Zeitleiste editiert. Das Programm wird im Zusammenhang mit bildfokussierenden Methoden, etwa der Dokumentarischen Methode verwendet. Informationen unter http://www.moviscript.net.

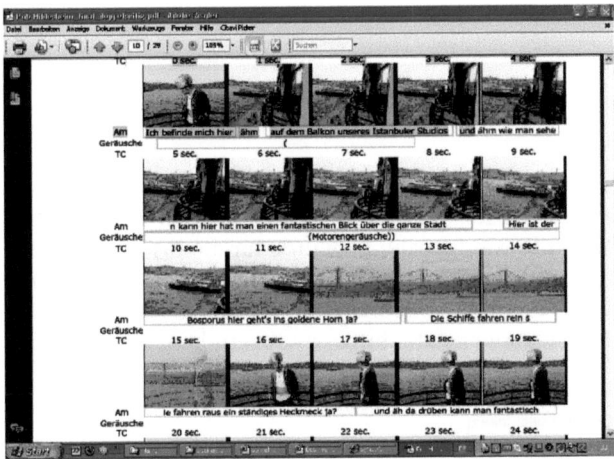

Musiknotationsssoftware: Musiknotationssoftware (hier: Finale) eignet sich für die Transkription von Videodaten aufgrund des Partituranlage des Systems. Der Einzelimport von Bildern und Grafiken sowie das Herstellen von Zeichen und Symbole ist möglich. Einzige Exportfunktion ist der Bilddruck. Geeignet ist die Software für Transkriptionen, welche detaillierte Musiknotation erfordern. In der Abbildung zu sehen ist eine Musterseite der Transkription aus dem Projekt Moritz 2010. Information zum Projekt www.feldpartitur.de/Dissertation.

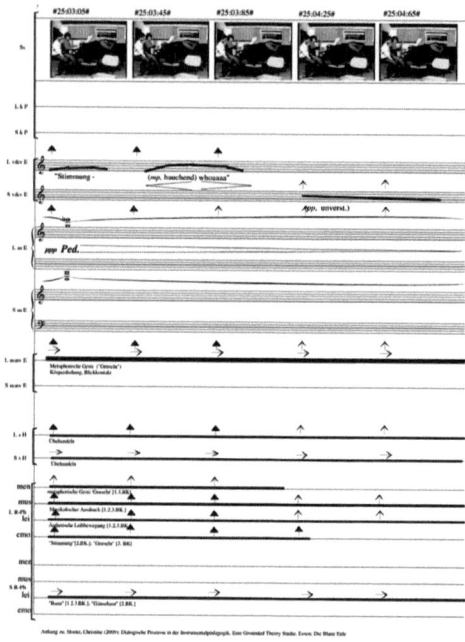

syncWriter (Hanke): Das Programm erlaubt die Transkription nach dem Notationssystem HamNoSys (Gehörlosensprache). Es wurde ursprünglich auf Betriebssysteme der Macintosch-Linie aufgebaut. Es wurde für die Erforschung der Gehörlosenkommunikation entwickelt und weist daher ein Setting nonverbaler Kommunikationszeichen auf. Es können, laut Homepage, in auch Einzelbilder (Stills) eingefügt werden. Informationen unter http://www.sign-lang.uni-hamburg. de/software.

2.4 Erfassung eines Videos durch Kodierungsprozesse

Die vorliegende Thematik der Transkription von Videodaten tangiert die Thematik der *Kodierung* von Videodaten, denn die Multikodalität des Datentypus Video erfordert nicht nur die Erfassung gesprochener Sprache, sondern auch Informationen, die durch Interpretation und Deutung erschlossen werden. Die Erstellung einer Partitur geht daher in einzelnen ihrer Komponenten einher mit Kodifizierungsprozessen (siehe Textabschnitt 3.3.6.3.). Diese werden auf der Basis eines gut ausgearbeiteten methodischen Regelwerks mit einer Reihe etablierter Auswertungssoftwaren (QDA-Software) durchgeführt. Die Kernfunktionen des Segmentierens von Videoabschnitten und des Kodierens sowie Wiederfindens von Kodes lassen sich mit allen gängigen Qualitative-Videoanalyse-Softwaren durchführen. Die Verwaltung und Darstellung der Kodes unterscheiden sich in den einzelnen Programmen erheblich; Kodes werden tabellarisch, als „Baumdiagramm", hierarchisch oder auch netzartig dargestellt. Des Weiteren sind unterschiedliche Auswertungstools der Codes verfügbar. Derzeit sind im deutschsprachigen Raum für audiovisuelle Datenmaterialien die Programme Aquad (http://www.aquad.de), Atlas.ti (http://www.atlasti.de), Ethnograph (http://www.qualitas-research.com), Hyperresearch (Irion 2010), NVivo (www.qsrinternational.de) MaxQda (www.maxqda.de) auf dem Markt verfügbar (kein Anspruch auf Vollständigkeit). Die Kodierung von Videodaten bedarf dabei nicht in allen Fällen einer Text-Transkription der Videodaten (etwa bei Atlas oder Aquad), vielfach werden Videodaten aus technischen Gründen vor einer Kodierung zunächst übertragen in die Verbalumschreibung. Das so entstandene „Texttranskript" ist dann erst Grundlage für die anschließende Kodierung mit dem jeweiligen Computerprogramm (siehe etwa Kuckartz 2005).

Die naturwissenschaftlich ausgerichtete *quantitative Video-Analysesoftware* spielt laut Literaturrecherche für den vorliegenden Zielbereich eine lediglich eingeschränkte Rolle, so etwa werden bildgebende Verfahren zur Messung physiologischer Daten in Kombination mit videografischen Verfahren angewandt (Interact, Observer, Videograph, Catmovie, ELAN u. a.). Gelegentlich ist auch in der qualitativen Sozialforschung das Programm Interact vorfindlich. In den genannten Funktionen leistet das Programm keine über die oben genannten hinausgehenden Tools, zeigt jedoch ein erweitertes Messinstrumentarium (Import physiologischer Daten, Eyetracking-Funktion, Selbsterkennung etc.) und entsprechendes Preis-Leistungs-Verhältnis.

3 Transkription von Videodaten

Nachdem in den vorangehenden Kapiteln eine theoretische Vorarbeiten zur Transkription von Videos geleistet wurden, sollen in diesem Kapitel 3 weitere Überlegungen bezogen auf die *praktische Arbeit* mit der Feldpartitur als Instrument zur multikodalen Transkription von Videos dargelegt werden, die das Instrument erfordert und auch auszeichnet.

3.1 „Was ist ein Video" in der Qualitativen Sozialforschung?

Im Anschluss an Textabschnitt I/1. sollen im Folgenden die Überlegungen zu den Eigenschaften des Datentyps Video innerhalb der genannten drei Video-Kategorien (Dargestelltes, Filmisches, Eigenproduktionen) vertieft werden. Es werden zu diesem Zweck die theoretischen Inhalte der bereits zitierten Fachliteratur zur Analyse des Videos/ aufgegriffen und für den vorliegenden Arbeitszusammenhang der Transkription mit der Feldpartitur dargelegt. Zunächst wird zu diesem Zweck der Materialität eines Videos und den damit einhergehenden Wahrnehmungszusammenhängen Aufmerksamkeit gewidmet.

3.1.1 Video ist Abbild der Welt

Hergestellt wird, so eine vielvertretene Position innerhalb der Qualitativen Sozialforschung, ein Video über den Vorgang der technischen Protokollierung von Licht- und Tonverhältnissen der wirklichen äußeren Welt mittels eines Hilfsinstruments, der Kamera als einem „technischen Auge und Ohr". Die Speicherung dieser Ton-Licht-Verhältnisse auf einem elektronischen Medium, etwa einer DVD oder einer Festplatte, verleiht diesen nicht nur eine eigene „Materialität" (Moles et al. 1971, zit. n. Hilt 2011), sondern die Wiedergabe durch ein (zweites) elektronisches Gerät ermöglicht vor allem die Wiederholung der ansich einmaligen Wirklichkeits-/Welterscheinung. Hierdurch scheint eine Form der Konservierung des flüchtigen Gegenwartsgeschehens gegeben. Insbesondere der für den Film charakteristischste Aspekt der *Bewegung* als einer rein visuellen Komponente lässt sich mithilfe der Kamera erfassen und abbilden: *„Der Film ist die Dynamik des Lebens, der Natur und ihrer Manifestationen, der Menschenmengen und ihrer Bewegungen. Alles, was sich durch Bewegung kundgibt, ist ihm verwandt und zugehörig. Das Objektiv der Filmkamera öffnet sich auf die Welt." (Kracauer 1993, S. 58)* Weil Kameras – anders als die menschliche Wahrnehmung (siehe Dinkelaker 2010) – diese „*Spuren*" (Fellmann 2003) des Tons- und des Lichts mechanisch, und somit nichtselektiv aufzeichnen, werden sie unter dem Stichwort des

Abbildrealismus[24] häufig als objektive Realitätswiedergabe verstanden und in eher positivistischer Manier wird der Film durch diese realitätsgetreuen Eigenschaften als Wirklichkeitsrepräsentation bezeichnet[25]: *„Der Abbildrealismus wird durch die Möglichkeit, Bilder mechanisch herzustellen, bestätigt. Denn fotografische Bilder und Bildfolgen (Filme) sind Spuren des von den abgebildeten Gegenständen ausgehenden Lichts. Hier regieren optische Gesetze, die für Konventionen nur einen beschränkten Spielraum lassen."* (Fellmann 2003, S. 18) Über Videos lässt sich (wie über Bilder) sagen: *„Als Abbilder eignen sie sich zur Dokumentation real existierender Gegenstände und Situationen."* (Fellmann 2003, S. 17). Genre wie der ‚Wissenschaftliche Film', der ‚Ethnographische Film', die ‚Tagesschau' oder der ‚Dokumentarfilm' (Roth 1982) beziehen sich überwiegend auf die „realitäts-abbildenden" Eigenschaften des Films, denn das Video erscheint wie kein anderes Medium in der Lage, die *„physische Realität wiederzugeben und zu enthüllen" (Kracauer 1993, S. 55)*.

Videos sind für Forschende aber nicht nur interessant, weil sie einen Teil der flüchtigen Wirklichkeit fixieren und protokollieren, sondern weil sie mithilfe des Kamera-Auges und des Kamera-Ohres die Möglichkeit haben, die soziale Wirklichkeit auf eine erweiterte Weise wahr-zu-nehmen, als dies mit der bloßen menschlichen Beobachtung oder Belauschung der Fall wäre. Die Kamera kann einen Zugang zu Lebenswelten erschließen, die ohne eine Kamera nicht erreichbar sind. Sie, die Kamera, kann zum Beispiel durch die Veränderung von Größenverhältnissen die Dimensionen des „ganz Kleinen" sowie des „ganz Großen" erschließen. Sie kann durch mikroskopische Nahaufnahme kleinste Augenbewegungen sichtbarmachen, was Aufschluss über etwa die Geistestätigkeit eines Menschen gibt. Oder sie kann im Gegenteil makroskopisch aus der Vogelperspektive die Bewegungen einer Menschenmenge über einer kulturellen Großveranstaltung aufzeichnen, was wiederum Aufschlüsse über deren Rezeptionsverhalten oder auch das Verhalten der Masse in einer Paniksituation gibt. Gleiches gilt für das Auditive, wenn etwa Geräuschhaftes mittels subtiler Aufzeichnungstechniken erfasst wird (Größenaspekt). Neben dem ganz Großen und ganz Kleinen kann die Kamera auch den Aspekt der Zeit willkürlich manipulieren und zum Zweck des Erkenntnisgewinnes steuern: die Möglichkeit der Zeitlupe bzw. des Zeitraffers einer Aufzeichnung erlaubt insbesondere hinsichtlich der visuellen Komponen-

---

[24] Siehe zum Abbildrealismus in Bezug auf die vorliegende Zielgruppe etwa Frankhauser 2009; Renggli 2007; Peez 2008; Bohnsack 2003, 2009; Sachs-Hombach 2009, Sachs-Hombach 2003.
[25] Anekdote: Ein Softwareprogrammierer aus dem Bereich Video-Installation/-Programmierung verfiel angesichts des Ausdruckes „Video als Abbild von Wirklichkeit" in hemmungsloses Lachen. Ein Videobild sei *„doch kein Abbild von Wirklichkeit, sondern ein Haufen Pixel auf irgendeinem Bildschirm"*, so seine Aussage (Postskript). Angesichts zunehmender technischer Manipulationsmöglichkeiten des „Rohmaterials" stellt sich die Frage, ob Film Wirklichkeit abbildet, Forschenden der genannten Tradition daher in noch dringender Weise.

ten[26] erweiterte „Einsichten" in zeitliche Prozesse, wie eine detailgetreue Untersuchung mimischer Bewegungen in der Verlangsamung oder die beschleunigte Darstellung der Frequentierung eines Fussballstadions (Zeitaspekt). Die Kamera verändert weiterhin Wirklichkeitswahrnehmung auch durch ihr bloßes *Zeigen*. Sie kann Inhalte durch die Zeigehandlung in den Vordergrund der Wahrnehmung heben, die aufgrund bestehender Sehgewohnheiten einer ad-hoc-Wahrnehmung normalerweise dem Bewusstsein (der Forschenden) entgehen. Hierzu zählen die Hervorhebung und Beachtung von Nebenaspekten oder kulturellen Randerscheinungen, wie es der Blick auf gewöhnlicherweise unbeachtete Orte wie Abfallbehälter einer Stadt oder Randgebiete einer Gesellschaft, das fokussierte Hinhören auf üblicherweise unbeachtete Geräusche (z. B. Körperinnenräume) oder auch die Analyse von Konstellationskomponenten einer historisch gewachsenen Institution etc. sind. Auch gelingt mithilfe der Kamera ein Blick auf üblicherweise unbeachtete Subkulturen oder Randgruppen innerhalb einer Gesellschaft. Die Umkehrung des Figur-Grund-Verhältnisses, die auf der Basis des Filmmaterials vorgenommen werden kann, ermöglicht ebenfalls andere und tiefere Einsichten in die aufgezeichnete Wirklichkeit als die menschliche Beobachtung mit dem Auge und dem Ohr. Die Kamera kann demnach durch unterschiedliche Hervorhebung im Bildausschnitt oder durch unterschiedliche auditive Gestaltungsmittel den Betrachtenden Ereignisse ins Bewusstsein rücken, die ansonsten möglicherweise ganz unberücksichtigt bleiben würden (Zeigeaspekt). Schließlich kann die Kamera auch Bereiche erschließen, die üblicherweise gar nicht zugänglich sind. Hierzu zählen private, intime oder tabuisierte Lebensbereiche, die mit (in seltenen Fällen ohne) einer Einwilligung der Beteiligten unter besonderen Anonymitätsbedingungen aufgezeichnet, erforscht und manchmal auch veröffentlicht werden dürfen. Der Gewöhnungseffekt an die Anwesenheit einer Kamera ermöglicht zusätzlich einen Zugang zu Verhaltens- und Kommunikationsweisen innerhalb der Gesellschaft, zum Beispiel durch die dauerhafte Aufzeichnung der Kommunikation von Angestellten einer Firma in einem öffentlichen Service-Point (Enthüllungsaspekt). Zur Enthüllungs-Kategorie zählt natürlich auch die verdeckte Aufzeichnung von Verhalten ohne Wissen der Probanden, welche erweiterte ethische Fragen aufwirft (Quinn 2010).

Videoaufzeichnungen erfassen demnach auf der einen Seite ihre Umwelt *realitätsgetreu*, und ermöglichen im Vergleich zur menschlichen Wahrnehmung andere und erweiterte Ein-Blicke und Hör-Eindrücke in die Welt, indem sie diese aufsuchen und exponieren. Gleichzeitig *entfremden* sie Welt, indem sie einzelne Aspekte wie den Ausschnitt, die Vordergrund-Hintergrund-Verhältnisse oder die Größen – und Zeitdimension variieren, unterschiedlich gewichten oder zusammensetzen. Unweigerlich lösen sie durch diese Entfremdungsmittel die Seh-,

---

[26] In nur ausgewählten Settings würde auch die beschleunigte oder verlangsamte Darstellung der auditiven Komponenten eines Videos eine zusätzliche Bedeutung eröffnen.

Hör- und Deutungsgewohnheiten der Forschenden und Betrachtenden auf und ermöglichen auf diese Weise die Konfrontation der Forschenden mit bislang unbekannten Aspekten des Dargestellten.

Neben diesen erweiternden *Möglichkeiten* durch das Kamera-Auge und -Ohr weist die Aufzeichnung mit einer Videokamera auf *Grenzen*. Während Grenzen der menschlichen Beobachtung angesichts der Überfülle von Daten im Rezeptionsprozess auf ad hoc-Selektivität zurückgeworfen ist: „*Anders als eine Videokamera kann ein teilnehmender Beobachter nicht alles gleichzeitig festhalten, was für ihn potentiell durch seine Sinne wahrnehmbar wäre. Er ist – wie jeder andere Interaktionsteilnehmer – darauf angewiesen, die Überkomplexität des Wahrnehmbaren ad hoc zu einem Geschehenszusammenhang zu integrieren und damit im Wesentlichen auf eine sequentielle Ordnung zu reduzieren.*" (Dinkelaker 2010, S. 94)[27], sind Grenzen einer Videoaufzeichnung in Bezug auf die Darstellungsfunktion gegeben durch verschiedene Faktoren: Grenzen werden gesetzt durch die Notwendigkeit der *Sequenzierung* von Wirklichkeit (Setzen von Beginn und Ende der Aufzeichnung oder der Sequenz), die Notwendigkeit der *Auswahl* als relevant erachteter Sequenzen (Schnitt) sowie der anschließenden Notwendigkeit zur Zusammensetzung in linearer Weise *(Montage)*. Weitere Grenzen sind gesetzt durch die gewählte(n) Perspektive(n) (Perspektivität visueller Daten), welche feststehend oder beweglich (Kamerabewegung) ausgeführt werden können, und meist bereits in der Präproduktionsphase festgelegt sind. Mit dem Aspekt der Perspektive ist verbunden der Aspekt des *Bildausschnitts* (Quadrage) und der damit einhergehenden *Einstellung* (Naheinstellung – Überblick) sowie nicht zuletzt durch spezifische *postproduktive Verarbeitungsprozeduren* (etwa die Komprimierung von Videodaten oder die postproduktive Bildbearbeitung), die eine Veränderung der Lichtverhältnisse oder der Abspulgeschwindigkeit etc. mit sich bringen kann. Die Übermittlung der realitätsabbildenden Audiovisionsprotokolle durch das Medium des Videofilms *formt, gestaltet* oder *inszeniert* den jeweiligen Inhalt demnach nach den ihm eigenen Bedingungen (siehe Hilt 2010; Debray 2003; Luhmann 2001), weshalb die Aspekte der Produktion, der Aufzeichnung und Speicherung sowie der prä- und postproduktiven Bearbeitung für Forschende – unabhängig vom jeweiligen Videotyus – von Bedeutung für die Arbeit mit der Audiovision sind.

3.1.2 Video produziert Welt

Videos bilden also die Welt nicht nur ab, sondern Videos sind auch Produzenten von Welt(en). Sie *schaffen* durch die im Medium liegenden Gestaltungsmöglich-

---

[27] Siehe zur Möglichkeit der reversiblen Selektivität der Wahrnehmung durch Videoprotokolle Dinkelacker 2010, S. 94 f.

keiten (insb. der Montage) neue und eigene, nämlich Daseins-, Vorstellungs-, Gefühls- oder auch Lebenswelten[28]. Denn Videoaufzeichnungen werden zwar, wie soeben geschildert, im Sinne eines „*Rohmaterials*" realitätsabbildend aufgezeichnet – anschließend aber werden diese Rohaufnahmen auf vielfältige, professionelle und kunstvolle Weise weiterverarbeitet.

Film wird auf der Basis des Rohmaterials konstruiert als ein „continuity system"[29], welches den fließenden und ungestörten Daseins-Eindruck eines filmischen Universums (Diegese[30]) ganz bewusst im Betrachtenden herzustellen versucht[31], und der Film erzählt dabei eine – wie auch immer gestaltete – „Geschichte"[32]. Die Geschichtsschreibung im Film wird insbesondere erwirkt durch die Abbildung der *Bewegung*, die das Video von der Fotografie kategorial unterscheidet[33]: „*Die Verbindung zwischen der Realität der Bewegung und der Erscheinung der Formen erzeugt das Gefühl konkreten Lebens und den Eindruck einer objektiven Realität.*"[34] Die videografisch dargebotene Bewegung ist dabei jedoch zum einen ‚*immateriell*', denn „*sie offenbart sich dem Auge, niemals der*

---

[28] Verwendet werden auch die Begriffe „Mindscreen", „innere Leinwand" u. a.
[29] Professionell produzierter Film strebt auf der Basis klassischer Erzählmuster das continuity system an, d. h. der Film zentriert mittels wenig auffallender Schnitt- und Montagetechniken den Aspekt der Illusionserzeugung eines wirklichen Ablaufes. Das continuity system meint demnach, die Aufmerksamkeit der Schauenden auf den diegetischen Raum hinzulenken, vom technischen Produktionsablauf jedoch gezielt abzulenken.
[30] Der Begriff der Diegese wurde durch Etienne Souriau geprägt. Als ‚diegetisch' bezeichnet S. „*alles, was man als vom Film dargestellt betrachtet und was zur Wirklichkeit, die er in seiner Bedeutung voraussetzt, gehört*" (Souriau 1997, 151; Herv. i. O.); Diegese meint entsprechend „*alles, was sich laut der vom Film präsentierten Fiktion ereignet und was sie implizierte, wenn man sie als wahr ansähe.*" Souriau 1997, siehe auch Hartmann 2007. Siehe zum Begriff der Diegese des Films als einem „fiktiven Universum" Arnheim 1932, Morin 1956, S. 123), zur „Realität der Illusion" Anderson 1996; Mimesis als Nachahmungsprinzip , zum „Realitätseindruck" im Kino Metz 1972, S. 20 ff, i. e. S. Metz 1972, S. 24.
[31] Genaugenommen sind die Videoaufzeichnungen natürlich nicht „fließend", sondern entsprechend der menschlichen Wahrnehmung technisch so organisiert, dass die Fließbewegung als solche wahrgenommen werden kann.
[32] Die Erzählung, das Narrative im Film, ist ein umfangreiches Thema in der Filmwissenschaft (narrativer Raum nach Metz 1972, Bordwell 2010). Der Film erzählt seine Geschichte meist „...ohne Autor, doch nicht ohne erzählendes Subjekt. Der Eindruck, dass jemand spricht, ist nicht gebunden an die empirische Existenz eines bestimmten und bekannten oder erkennbaren Sprechers, sondern an des Konsumenten unmittelbare Perzeption des sprachlichen Charakters des Objekts, das er gerade konsumiert: da gesprochen wird muss jemand sprechen." (Metz 1972, S. 41). Ob dabei „...das erzählte Ereignis einer nicht-menschlichen Logik gehorcht (ein Kürbis, der sich in eine Kutsche verwandelt etc. ...) oder der alltäglichen Logik („realistische" Erzählungen verschiedener Art)" (Metz 1972, S. 42) entspricht, ist nicht ausschlaggebend für den Aspekt des Narrativen.
[33] Daher heißt eine Fotografie ansehen im Gegensatz zum Film ansehen nicht ein Da-sein anschauen, sondern ein Da-gewesen-sein." Siehe Metz (1972, S. 24).
[34] Zit. nach Morin, Edgar: Le cinema ou l'homme imaginaire. Editions de Minuit, 1956, S. 123, Metz 1972, S. 25.

Berührung." (Metz 1972, S. 27–28), weshalb der Tastsinn als *„höchste[r] Richter über die ‚Realität'" (Metz 1972, S. 27–28)*[35] bei der Rezeption eines Videos außen vor verbleibt[36]. Der diegetische Raum kennzeichnet sich zum anderen jedoch durch Verschiebung, und zwar sowohl eine zeitliche wie eine räumliche. Denn der Film zeigt das *Vergangene* im *Jetzt* und das *Dortige* im *Hier*. Das schauende Subjekt ist sich dieser Unterschiedlichkeit der diegetischen Welt des Films im Dort & Vergangen, der realen Welt des Hier & Jetzt natürlich bewusst[37], und diese Fähigkeit zur Dissoziation der Räume[38] bedingt simultan eine (erwünschte) Nähe zum Geschehen als auch (notwendige) Distanz zum Geschehen im Film – anders wäre das bemerkenswerte Fehlen jeglicher Traumatisierung beim Betrachten etwa von Lebenskatastrophen im Film nicht zu erklären (siehe Metz 1972, S. 45).

Die Summe der Eindrücke lässt sich daher in zwei Einheiten klassifizieren, eine filmische Einheit, (d. h. die Diegese) und eine propriozeptive Einheit, die das Bewusstsein vom eigenen Körper – und damit das der realen Welt umfasst, welches jedoch während der Filmrezeption eine schwache Rolle spielen kann. *„Dadurch, dass die reale Welt sich nicht in die Fiktion einmischt, um dauernd deren Versuch, sich in der Welt zu konstituieren, zu verhindern – wie es im Theater geschieht – kann die Diegese von Filmen diesen seltsamen und großartigen Realitätseindruck erzeugen, den wir hier zu verstehen versuchen" (Metz 1972, S. 30)*. Der Raum der Diegese und der Raum des realen Hier&Jetzt *„… sind inkommensurabel, keiner der beiden schließt den anderen ein oder beeinflusst ihn, alles läuft ab, als hielte eine unsichtbare, doch feste Trennwand sie in totaler Isolation" (Metz 1972, S. 30)*. Film erscheint daher in gewisser Weise als eine *„unlogische Verbindung"* zwischen den beiden Räumen. Man könnte daher vielleicht *„von einer filmischen Form der Präsenz reden, die weitgehend glaubhaft wirkt." (Metz 1972, S. 22)*. Wie kommunikationsmächtig diese Eigenschaft des Diegetischen in der Wirklichkeit ist, zeigt die Verbreitung des Mediums Film seit seinen Anfängen bis heute: *„Dieser ‚Schein der Realität', dieser so gewaltige Einfluss auf unsere Wahrnehmung bringen es fertig die Massen anzuziehen, von denen sich nur ein kleiner Teil bewegen ließe, das neueste Theaterstück anzuschauen, oder den neuesten Roman zu kaufen." (Metz 1972, S. 22)*

---

[35] Siehe hierzu die Ausführungen Metz 1972, S. 27–28: „Das ‚Wirkliche' wird unweigerlich verwechselt mit dem Greifbaren: dort ist ein großer Baum, der sich wirklichkeitsgetreu auf der Leinwand des Kinos dem Auge zeigt, aber wenn wir die Hand danach ausstreckten, würde sie sich im Leeren schließen, das durchlöchert ist von Schatten und Licht, und nicht auf einer unebenen und rauhen Rinde, mit der sie hätte rechnen müssen."
[36] Allenfalls bietet Film ein „akzeptables Äquivalent der Körperlichkeit" (Arnheim 2008 S. 24)
[37] „… es wird niemals als tatsächliche Täuschung erlebt, wir wissen immer genau, dass das, was es uns zeigt, nicht wirklich *hier* ist." (Metz 1972, S. 24).
[38] Das Bewusstsein differenziert in den diegetischen Raum des Gewesen & Dort sowie den propriozeptiven Raum des Hier & Jetzt.

Bei der Betrachtung, welche rein technischen Gestaltungstechniken zur Erzeugung des continuity systems zum Einsatz kommen, lassen diese sich historisch zu einem Teil der Fotografiekunst zuordnen (Lichteffekte, Anordnungssymmetrie u. v. a.), andere widerum sind dem Medium Video immanent, wie das Überblenden, die Zeitlupe und der Zeitraffer, Rückswärtsaufnahmen oder bestimmte filmische Tricks oder Sondereffekte. Wesentlich für die semiotische Funktion eines Videos ist innerhalb der filmischen Techniken jedoch die Technik der Montage: *„Von allen technischen Verfahrensweisen des Films ist der Schnitt oder die Montage die allgemeinste und zugleich unerlässlichste. Sie dient dazu, die einzelnen Aufnahmen zu einer sinnvollen Kontinuität zu vereinigen (...)"* (Kracauer 1993, S. 55)

Videodaten sind demnach in dieser zweiten Sichtweise keineswegs (nur) das objektive Abbild von Welt oder Wirklichkeit, sondern sie lassen sich auf Betrachterseite als Wahrnehmungsphänomene begreifen, die mittels eines technischen Wiedergabegerätes („Videoplayer[39]") über zwei Sinneskanäle Informationen vermitteln[40].

Ein im Video liegender Sinn oder eine videoimmanente Bedeutung der Aufzeichnung, welche durch die ikonisch wirksamen Elemente der zweidimensional *„miteinander verbundenen Flächen, Punkte, Formen, Farben" (Reichertz, Englert, S. 12)* sowie der auditiven Informationen im Film vermittelt werden, manifestiert sich, so könnte man in einer Gegenposition konstruktivistisch sagen, ausschließlich in der *Wahrnehmungsleistung* der Forschenden, und keineswegs auf der Basis einer objektiv gegebenen Materialität des Gegenstandes Video[41]. Das Der-Realität-entnommene und Die-Realität-abbildende Grundmaterial bietet den Betrachtenden im Vergleich mit anderen weltproduzierenden Medien (etwa dem Roman) zwar eine größtmögliche Identifikation mit der sie abbildenden Welt. AutorInnen der Filmwissenschaften sprechen aber dennoch an dieser Stelle nicht mehr von der Realitätsabbildung, sondern im Gegenteil von der Fähigkeit des Films zur *„Illusionserzeugung"* (Kracauer 1993; Sachs-Hombach 2003, S. 121). Diese Fähigkeit des Films kann ein Ausmaß annehmen, welches das Verhältnis zwischen Realität und Illusion sogar umkehrt: *„Seltsamerweise ist es durchaus*

---

[39] Auch das Wiedergabegerät kann entsprechende Änderungen des ursprünglichen Films vornehmen, für Forschende meist in unerwünschter Weise. Zur Problematik und Bewältigung aktueller Filmformate sei auf die Ausführungen von Irion 2010 (insbesondere Informationen auf beiliegender CD) verwiesen.

[40] Die konzeptuelle Fusion unterschiedlicher Medien findet ihren Niederschlag in einer Vielzahl intermedialer Kunstwerke. Nur in einer Fussnote sei auf das Wagnersche Konzept des Gesamtkunstwerks verwiesen (Bermbach 2004), und auf die darauf folgenden wechselweisen Einflüsse zwischen den Künsten, etwa zwischen Musik und Dichtung, Film und Literatur, Malerei und Tanz, die in intermedialen Kunstformen wie z.B. architektonischen oder elektronischen „Raummusik" wie „Klangskulpturen" (Stephan von Huene), „landart" (Werkner 1992), „Konkrete Poesie" (Christian Morgenstern) oder „Video-Plastik" (Nam June Paik) zum Ausdruck kommen.

[41] Siehe überblickend zu rezeptions- und produktionsfokussierenden Forschungsansätzen Bohnsack 2009, S. 121.

möglich, dass ein gestellter Vorgang aus dem realen Leben auf der Leinwand eine stärkere Illusion der Realität erweckt, als dies der originale Vorgang tun würde, wäre er direkt von der Kamera aufgenommen worden." (Kracauer 1993, S. 62)[42]

Die „Realitätsillusion" wird dabei erwirkt nur zum einen durch die *aktive* Konstitution von mentalen *Vorstellungen* des Betrachters (die übrigens – im Gegensatz zum Vorgang des Filmverstehens[43] – nicht vom deklarativen Wissensbestand oder aber vom Bildungsniveau einer Person abhängen[44]). Die subjektive Bedeutung eines Films manifestiert sich zum anderen durch ein *unwillkürliches Wechselspiel* zwischen dem im Film dargebotenen *Geschehen* und den jeweils *eigenen Weltbezügen* eines Betrachtenden[45].

Neben den Vorstellungen wird die Realitätsillusion von Videos daher zum zweiten durch Formen des *Erlebens*[46] manifestiert. Beim Betrachten eines Videos entstehen – je nach Gestaltungsweise des Films – subjektive Resonanzphänomene (Moritz 2010a) wie Herzklopfen oder Gänsehaut (sog. „leibliche Resonanz") oder Gefühle der Angst („emotionale Resonanz") etwa während einer spannend inszenierten, möglicherweise musikunterlegten Krimipassage. Aus diesem Grund empfinden Forschende beim Betrachten ihrer Videos Mitgefühl oder Entrüstung mit der beim Schwarzfahren erwischten Protagonistin innerhalb einer halbdokumentarischen TV-Sendung (Einzelfallbeispiel Reichertz, Buchteil II/2.), oder bangen mit einer am Klavierspiel des Schülers leidenden Lehrkraft im videografierten Klavierunterricht am Erreichen eines Zieltones „f" auf dem Klavier (Einzelfallbeispiel Moritz, Buchteil II/1.). Diese Erlebnisebene beim Betrachten von Videomaterial bedingt dabei noch stärker als mentale Vorstellungen den „Kontakt"

---

[42] Vergleiche zur illusionserzeugenden Wirkung des Mediums an einem zeitgenössischen Beispiel die Ausführungen Reichertz, Englert 2010 im Kapitel *„Die Kamera lügt." (Reichertz/Englert MS S. 58)*. Siehe Literaturübersicht zum Narrativen im Film Hilt 2010.

[43] Siehe die medienpädagogischen Ausführungen zum Filmverstehen vs. Filmerleben bei Decke-Cornill, Luca 2007, Die medienpädagogischen Ausführungen zu Hypnose, Mimetismus oder anderen rein passiven Bewusstseinsprozessen bei Metz 1972, S., 31 ff.

[44] Das Medium, welches zu Beginn seiner Entwicklung Anfang des 20. Jh. auf der Basis dieser illusionserzeugenden Eigenschaft erfolgreich Massen ansprach und dabei auch für „einfaches Volk" verständlich war Goldstein 1994, wurde daher zunächst in der Wissenschaftswelt gegenüber der alles dominierenden sprachlichen Kommunikation diffamiert. Nur wenige Filmtheoretiker bezeichneten die Entwicklung des Filmes in seinen Anfängen als historisch bedeutsam: „The invention of the photoplay is as great a step as was the beginning of picture-writing in the stone age." (Lindsay 2000, S. 171 [1915], zit. nach Hilt 2010).

[45] Siehe zur Dichotomie der Rezeptions- und Produktforschung Ansätze der Cultural Studies und zur Kontextualität im Interpretationsprozess Ang 1997, Hepp 2004, Winter 2003; zum Encoding/Decoding-Modell nach Stuart Hall; zur Unterscheidung zwischen Rezeption und Aneignung Mikos 2003; zur Rezeptionsforschung Aufenanger 2008; zur Filmanalyse und Strukturen des Films im Wahrnehmungsprozess Wuss 1999; zu psychoanalytischen Aspekten Metz, Blüher 2000.

[46] Grundlegend Kracauer 1993; Grodal 1997; Platinga, Smith Gregory 1999; Hickethier 2007 im e. S. Holzkamp 1973; Kinogefühle: Brütsch et al. 2005; Einfühlung: Curtis, Koch 2007.

des Betrachters oder seine „Bindung" (nach Ulich, Mayring 1992; Ulich 1995) zu seinem Gegenstand.

Videos evozieren mittels audiovisueller Kodes demnach nicht nur Vorstellungen, sondern auch subjektives Erleben beim Betrachten des Films. Indem Videos also „ihre" aufgezeichneten Gegenstände, Situationen, Handlungen von Akteuren, den Vorrat der Kultur, auf eine *spezifische* Weise und innerhalb *spezifischer* Rahmenbedingungen präsentieren, erzielen sie eine *spezifische* kommunikative Wirkung, und werden auf nichtsprachliche Weise zur „Sprache"[47]. Videografiertes Welt-Abbild lässt sich also in der hier genannten zweiten Kategorie nicht mehr bloß technisch zum Zweck einer Realitäts-Protokollierung verstehen, sondern dieselben Abbilder werden *inszeniert,* und mit der Absicht wirkungsvoller Kommunikation für spezifische Adressaten produziert und zur Wirkung gebracht[48]. In ausgeprägter Weise lässt sich dieser Vorgang rekonstruieren beim Werbefilm, der auf professionelle Weise kommerzielle Interessen erfolgreich verfolgt. In einer eher hintergründigen Weise lässt sich dieser Aspekt jedoch auch bei der Auswahl einer Schlüsselsequenz eines Forschers benennen, der (s)ein Phänomen filmisch auf einer Tagung präsentieren und somit kommunizieren will (siehe hierzu etwa Kurt 2010). *Kurz:* das Video ist nicht mehr nur Abbild der Realität, sondern wird an dieser Stelle zum *Zeichen*.

Die Beziehung zwischen diesen beiden in diesem Textabschnitt erläuterten Polen, *„zwischen Faktischem und Fiktionalem, zwischen Wissenschaft und Kunst, zwischen Objektivität und Subjektivität" (...)" (Kurt 2010, S. 196)* lässt sich demnach nicht lediglich als *„Mischverhältnisse aus objektivem Registrieren und subjektivem Konstruieren" (Kurt 2010, S. 197)* betrachten, vielmehr durchdringen sich diese Ebenen in einer *dialektischen* Weise (Flechsig 1977). Die Analyse, in welcher (bedeutenden oder weniger bedeutenden) Weise das Material einer Videosequenz objektiv-realitätsabbildendes „Rohmaterial", und in welcher (bedeutenden oder weniger bedeutenden) Weise es „zeichenhaft" inszeniert ist, lässt sich nicht mittels einer Aneinanderreihung einzelner ausgewählter Zeichenelemente eines Videos begrenzen, denn *„[n]icht alles in der kulturell angeeigneten und produzierten Welt der Dinge ist seiner Bestimmung nach ein Zeichen; alles kann aber zum Zeichen werden." (Karbusicky 1987, S. 227).* Videocodes als nichtkonventionelles Zeichensystem sind demnach weder semantisch noch syntaktisch eindeutig klassifizierbar, sondern im Gegenteil: Zeichen in einem Video können isoliert betrachtet völlig unterschiedliche Bedeutungen haben[49]. So kann das audiovisuell aufgezeichnete „Lächeln" einer in einem „natürlichen Umfeld" aufgezeichneten Akteurin im Vi-

---

[47] siehe zum Thema „Film als Sprache" überblickend Hilt 2011.
[48] siehe Reichertz, Englert 2010, Steinmetz 2006; Joost 2008; Bordwell, Thompson 2010; Bohn et al. 1988, grundlegend zur Semiose audiovisueller Medien Hickethier 2007; Hess-Lüttich 1982.
[49] siehe Textabschnitt 3.3, Begriff der Polysemie nach Barthes 1990; semiotische Bedeutung visueller Medien Goodman, Philippi 2007, S. 63 ff.

deobild zeichenhaft als eine „nonverbale Explikation" im Sinne der „Zustimmung" gedeutet werden. Es kann als ein empirischer Indikator für intrapsychische Aktivität „Emotion" (z. B. als Grundemotion der Freude, aber auch vieldeutig wie etwa als Sarkasmus, Bitterkeit u. v. a.) interpretierend kodiert werden. Das Lächeln kann jedoch – z. b. im Rahmen einer dokumentarischen Fernsehsendung – auch als ein syntaktisches Mittel der Filmsprache, z. b. des Hin-Zeigens zur nächsten Filmszene, eingesetzt und entsprechend vom Publikum verstanden werden. Es kann jedoch auch sämtliche bislang aufgestellten Kategorien durchbrechen, wenn ein zum Zweck der Beobachtung videografierter Klavierschüler während der Instruktion durch seine Lehrkraft in die Kamera, und somit mir als Forschenden, zublinzelt – und auf diese Weise ein Element der Kommunikation zwischen sich (als einer zu erforschenden Feldperson) und mir als der Forschenden konstituiert. *Zusammenfassend* lässt sich an dieser Stelle bislang resumieren, dass *vielfältige Rezeptions- und Verstehensweisen* das Kommunikationssystem Video begründen: Akteure und Objekte im Video werden nur scheinbar in realitätsgetreuer als vielmehr in für die menschliche Wahrnehmung realitäts-entfremdender Weise im Sinne eines Rohmaterial *abgebildet*. In ihrer diegetischen, also welterzeugenden Wirkung sind Videos zurückzuführen auf die objektiv dargestellten Gegenstände nur auf der einen Seite, auf subjektiv-sinnerzeugende Aktivitäten des Filmproduzierenden und des Filmbetrachtenden aber auf der anderen Seite. Technisch lassen sich im professionell erzeugten Film Konstruktionsprinzipien rekonstruieren, welche für die kommunikative Wirkung eines Videos verantwortlich sind: Videos sind perspektivisch, sequentiell (zeitlich begrenzt), in ihren Reihungen geschnitten oder überblendet, innerhalb begrenzter Rahmung (kadriert), bewegt oder still andauernd und schließlich sequentiell in spezifischer Weise montiert. Diese sogenannten „filmischen Elemente" (Barthes 1990, S. 63) kommunizieren Bedeutung, indem sie die Aufmerksamkeit des Betrachtenden steuern, Akzente setzen, Auslassungen vornehmen, Inhalte aufeinander aufbauen, Emotionen produzieren oder kathartisch abführen und vieles mehr. Das Verstehen des Videos geschieht durch meist unwillkürliche, subjektive Produktion von Vorstellung und durch (Nach-/Mit-)Erleben der den Film betrachtenden Person. Je nach verwendeter Video-Kategorie erhalten filmische Elemente eine Bedeutungszuschreibung im Forschungsvorhaben nicht nur für jene, die sich mit dem professionell erzeugten Film beschäftigen, sondern für alle Forschenden in unterschiedlichen Phasen des Forschungsprozesses: von der praeproduktiven Selektion des aufzuzeichnenden Weltausschnittes bis zur postproduktiven Selektion im Zusammenhang mit der Präsentation von Schlüsselsequenzen auf Tagungen.

Das Forschen mit oder über das Datenmaterial Video erfordert aus diesem Grund ein Heraustreten aus dem unwillkürlichen Rezeptionsprozess durch *Bewusstwerdung und Reflexion der Rezeptionsweisen* des Videofilms, wenn dieses erforscht und verstanden werden soll. Indem die Rezeptionsweisen von Forschenden reflektiert werden, erwerben sie eine Kompetenz im „Lesen" des ihnen vorliegenden Videos und sie erzielen eine sukzessive Annäherung an den im Video zunächst verborgenen Sinn zur Beantwortung der jeweiligen Forschungsfrage.

3.2 Wahrnehmungsprozesse beim Betrachten von Videos

Wie in den bisherigen Ausführungen dargelegt wurde, erfordert die Arbeit mit dem polysem veranlagten Videomaterial eine Systematisierung der Wahrnehmung der Forschenden mit einem geeigneten Instrument. Die Wahrnehmung eines Videos ist ein heuristischer Akt, d. h. eine Person trifft – beim Betrachten eines Videos in gleicher Weise wie im alltäglichen Handeln – aus der „potentiellen Unendlichkeit" vorhandener Wahrnehmungs-Daten der inneren und der äußeren Welt in ihrer Überfülle eine *Auswahl*. Dieser Selektionsprozess geschieht auf der Basis der eigenen kulturellen Zugehörigkeit üblicherweise unwillkürlich[50], denn die betrachtende Person „*... ist – wie jeder andere Interaktionsteilnehmer – darauf angewiesen, die Überkomplexität des Wahrnehmbaren ad hoc zu einem Geschehenszusammenhang zu integrieren und damit im Wesentlichen auf eine sequentielle Ordnung zu reduzieren.*" (Dinkelaker 2010, S. 94). Es werden aus diesem Grund lediglich jene Ereignisse wahrgenommen, die *subjektiv bedeutsame* Informationen für das jeweilige Betrachtersubjekt enthalten[51]. *Subjektiv unbedeutsame* Ereignisse werden dementsprechend nicht wahrgenommen und auch nicht gespeichert. Ein Beispiel: Beim Betrachten eines Schulklassen-Videos wird der Funktionsfähigkeit des Sekundenzeigers an der Wand beim ersten Betrachten üblicherweise wenig Aufmerksamkeit gewidmet (es sei denn, die Forschungsfrage umkreist das Thema „Zeit"). Wenig-bewegte Ereignisse im Video werden – sofern sie gewohnt ablaufen – beim ersten Betrachten nicht oder nur unspezifisch wahrgenommen. Bewegte oder ungewohnte Ereignisse dahingegen – etwa das auffällige „Störverhalten" eines Schülers, der die Handlungsroutinen eines Schulalltags unterbricht – zieht sofort die Aufmerksamkeit der betrachtenden Person (und der Lehrkraft im Video) auf sich.

Die ausgewählten Wahrnehmungs-Gehalte gelangen bei diesem Prozess unterhalb der Bewusstseinsschwelle, „intuitiv" in den Verstehenshorizont der Forschenden. Forschende erkennen die Situation im Video und deuten sie ad hoc. Die im Video abgebildeten Szenen erscheinen den Betrachtenden aufgrund eines

---

[50] Dieser unter dem Stichwort „primäre Sinneseindruck" bekannte Sachverhalt wird in anderen Zusammenhängen als „Empfindung" bezeichnet, etwa bei Kant (Kritik der reinen Vernunft B X, B 207 f., B 751), Peirce (siehe Reichertz 2002, Kelle 1994) Schütz und Weber.
[51] In der Neurologie finden sich Grundlagen unter dem Begriff der sensorischen Integration bei Piaget; zur Wahrnehmung visueller Daten in der Qualitativen Sozialforschung siehe Bohnsack 2009; Reichertz 2002; 2003, 2010; Kurt 2002, 2010 und viele weitere. Wissenssoziologische Überlegungen zur menschlichen Wahrnehmung im Forschungsprozess grundlegend Soeffner 2004; Hitzler et al. 1999, methodologisch grundlegend Schütz 1975).

gemeinsamen Erfahrungsraumes[52], den die Medien-ProduzentInnen und die RezipientInnen auf der Basis kultureller Praxis und lebenssoziologischen Wissens miteinander bilden, in der Folge „vertraut", und auf diese Weise kommunizieren Videos die jeweiligen Gehalte – eine Szene, eine Atmosphäre, die Darstellung einer Epoche, eines Kommunikationsstils etc. – multikodal und eben nichtsprachlich[53]. TV-ZuschauerInnen (und Forschende) erkennen auf der Basis dieser *„Kongruenz" (Moritz 2010a, S. 245ff, Bohnsack, 2009, S. 130)* daher unmittelbar, dass es sich bei der videografierten Szene, etwa im Einzelfallbeispiel Reichertz („Ein Hund fährt schwarz"), um einen Alltag im Leben einer deutschen Stadt handelt; der ruhige Alltagsmodus, die ausgewählten Personentypen, deren Verhalten und auch deren Artefakte – etwa die Kleidung und vor allem das Kontrollgerät, welche die Personen um den Bauch hängen haben – um die bekannte Situation „Kontrolleure in der Straßenbahn" handelt – ohne dass diese einzelnen Konstituenten beim Verstehensprozess versprachlicht werden müssten. Erkennen Betrachtende eines Videos dahingegen eine Situation nicht, wird das Video als diffus, wirr und nichtsinnstiftend erlebt, die Rezeption erfolgt nicht, üblicherweise auch nicht einmal in Teilen.

Neurophysiologisch gelingt bei diesem Vorgang neben der notwendigen ad hoc Selektion, die der oder die Einzelne vornehmen, die Bildung einer Übereinstimmung (ein „Wieder-Erkennen") zwischen den als relevant klassifizierten aktuell-vorhandenen Sinnesreizen im Video-Objekt auf der einen Seite mit bereits gespeicherten (erinnerten) mentalen Repräsentationen des Forschungs-Subjekts auf der anderen Seite. Weil das Video dabei nicht nur über mental-kognitive Verstehensprozesse den innewohnenden Sinn vermittelt, sondern gerade die im vorangehenden Textabschnitt beschriebenen affektiven und veränderlichen, insbesondere nicht speicherfähigen[54] intrapsychischen Re-Aktivitäten[55] der For-

---

[52] Mannheim definiert den „konjunkten Erfahrungsraum" (1964) als den durch wirkliches Wissen und situative Erfahrung geprägten Raum vom lediglich über Dritte vermitteltes Wissen geprägten Raum. Eindrücklich werden als Beispiel die Kriegserlebnisse der Nachkriegsgeneration genannt, die das gemeinsame, eben konjunkte Erfahrungswissen teilt, wohingegen die nachfolgende Generation dieses Wissen lediglich vermittelt wird, dieses nicht jedoch selbst erfahren hat.
[53] Aus diesem Grund wird die differenzierte Erfassung und Analyse der im Bild (und Video) auf ausdrücklich nichtverbal/nichtexplikative Weise vermittelten und gleichzeitig auftretenden Bedeutungsträger als Eigenschaft der „Totalpräsenz" (Imdahl 1996, S. 23) bezeichnet. Ebenfalls sind die Begriffe der „Mimesis" (z. B. Sachs-Hombach 2003, S. 121, Wulf 2006) oder der „Simultanstruktur des Bildes" anzutreffen, so etwa bei Bohnsack 2009, S. 42 und Imdahl 1996, S. 23, oder differenziert als „Bildcodes" bei Sachs-Hombach/Rehkämper 1999a.
[54] Empirische Eigenschaften der Resonanzphänomene werden in meiner Dissertation beschrieben. Hierzu zählt die Eigenschaft, dass Resonanzphänomene – anders als deren explikative Komponenten – nicht speicherfähig sind, sondern in aktuellen Gegenwartsgeschehen immer neu aktiviert werden müssen.
[55] Emotionen, mentale Assoziationen und leibliche Spürungen sind in kapriziöser Weise beim Betrachten von Videos vorfindlich, siehe Textabschnitt 3.1.2, S. 42 f, und siehe zur Kategorisierung der Resonanzphänomene Moritz 2010, Teil II, S. 123 ff.

schenden im ersten Wahrnehmungsprozess eine bedeutsame Rolle spielen, ist es sinnvoll, den Ersteindruck bei der Wahrnehmung des Videos in Form eines Memos zu protokollieren. Ad hoc-Wahrnehmungen der Forschenden sind demnach nicht als „unpräzise", „unvollständig" oder gar „falsch" zu bezeichnen, sondern lassen sich zu einem späteren Zeitpunkt ergänzen, erneut aufgreifen und innerhalb der Daten in vielen Fällen sinnstiftend erklären und somit einbinden.

Dieser erste – im Alltagsleben meist völlig ausreichende und funktionsfähige – intuitive Selektions- und Betrachtungshabitus eines Videos wird bei der Erforschung videoimmanenter Bedeutungsstrukturen aus mehreren Gründen insuffizient: Wie die Erinnerungsprotokolle und selbst eng am soeben abgespielten Video interpretierten Chat-Aufzeichnungen einer Interpretationsgemeinschaft zeigen[56], lassen sich ad hoc-Wahrnehmungen durch wiederholtes Betrachten eines Videos in den meisten (allen?) Fällen ergänzen, zeitweise sogar korrigieren. Gerade vermeintlich unwichtige Details lassen sich bei näherer Betrachtung in zunehmendem Forschungsprozess als relevant erachten[57]. Wie kurz die Vorstellung einer intuitiven Lesekompetenz von Videos darüber hinaus greift, lässt sich plastisch anhand der Ratlosigkeit studieren, mit der selbst der vielleicht körpernächste Kode menschlicher Kommunikation – die Gesichtsmimik – beim Überschreiten von Ländergrenzen seine Funktionalität vollständig einbüßen kann. Ebenfalls deutlich wird die mangelnde Kommunizierbarkeit von Videos bei der Heranziehung generationsspezifischer oder kulturspezifischer Filme, die eine Verstehbarkeit des Gezeigten für das „Andere" unmöglich macht[58].

Der Vorteil einer materialen Aufzeichnung eines Videos lässt sich aus diesen Gründen im Zusammenhang mit der Transkription in seiner reversiblen Selektivitätsfunktion (siehe Dinkelacker 2010) forschungspraktisch einsetzen, weil es nunmehr technisch möglich ist, der ad hoc-Selektivität des menschlichen Bewusstseins eine exakte und nichtselektive Wiederholung des videografierten Ereignisses entgegenzusetzen. In der forschenden Arbeit am Video mit der Feldpartitur wird nicht nur eine Betrachtung des Videos vorgenommen, sondern systematisch

---

[56] Wie sich anhand der Chat-Protokolle der Video-Interpretation in meiner eigenen Interpretationsgruppe leicht rekonstruieren ließ, wurden von den Interpretierenden selbst unmittelbar nach mehrmaliger Betrachtung des Videos die Reihenfolgen der Ereignisse in Video vertauscht, verbale Äußerungen falschen Ereignissen zugeschrieben und vieles andere.

[57] Diese Aussage gilt nicht nur für kommerziell produzierte Filme, sondern auch für die Videokategorie der Verhaltensbeobachtung. Zunächst als nebensächlich bezeichnete Sachverhalte wie etwa ein auf dem Tisch liegender Alltagsgegenstand kann später wichtige Hinweise zur Interpretation liefern, wie insbesondere die Ausführungen in den Einzelfallbeispielen zeigen werden.

[58] Im Kontext interkultureller Kommunikation wird dieser bedeutsame Aspekt angesichts zunehmender gesellschaftlicher Bedeutung beleuchtet. Siehe fächerübergreifend und transdisziplinär zum Umgang mit Medien im Kontext alltäglicher Mediensituationen und Lebensvollzüge Fiedler 2007, Kühl 2007, Eagle & Wakefield: 2007; Die Medienpädagogik reflektiert erforderliche „Medienkompetenz" (Mantel 2007) und „Medienbewusstsein" innerhalb einer zunehmend durch Sozialisation mit Medien (Niesyto 2006) geprägten Gesellschaft (Dieris 2007, Hilt 2010, Krause 2008).

die Zerlegung des Videos mit dem Ziel der anschließenden meta- und multiperspektivischen Reflexion dieser „Alltagswahrnehmung" angestrebt. Dieser Akt der „... *systematischen Erfassung zwingt zur genauen Beobachtung und eröffnet damit die Möglichkeit, den Untersuchungsgegenstand weitaus besser kennenzulernen als bei einer auch mehrfachen reinen Betrachtung."* (Korte 2005, S. 387–388)

Dieser Arbeitsprozess bedingt dabei eine zunehmende Fähigkeit und ein zunehmendes Wissen der Forschenden, ihr Video „lesen zu lernen", also etwa – bei der Verhaltensbeobachtung – das Erkennen der Bedeutung des Verhaltens, der Bedeutung symbolischer Artefakte im Arbeitszimmer oder auch – bei kommerziellem Film – der Konstruktionsprinzipien einer dramaturgischen Szene usw. Erst die (sehr) häufige Betrachtung des vorliegenden Videos[59] bei gleichzeitiger Fixation der anfangs unspezifischen, später zunehmend differenzierten Wahrnehmungsereignisse in der Partitur ermöglichen die reflexierte Wahr-Nehmung des Videos, welche sich in Form einer zunehmenden Begriffs- und Kategorienbildung und entsprechend dichter werdenden Partitur nach außen zeigt: *„[D]euten kann man (...) nur, soll zumindest eine gewisse Nachvollziehbarkeit und damit eine Überprüfbarkeit geschaffen werden, wenn man den Wahrnehmungsprozess einerseits systematisiert und andererseits den mit der Bildbetrachtung in Gang gesetzten Prozess der Sinnzuschreibung fixiert."* (Reichertz 2005, S. 141) Die Aspekte der Selbstreflexion des Betrachterhabitus und Offenheit bei der Betrachtung von Videodaten erhalten im Konzept der Feldpartitur daher eine zentrale Bedeutung.

Forschungspraktisch kann das Schreiben der Feldpartituren in diesem Prozess unterstützt werden durch zunächst gesetzte „visuelle Platzhalter", die im Sinne einer *„intuitiven Hebebühne"* (Klöpfer 2006) oder im Sinne eines *„Erstverstehens"* (Niesyto 2006) ein als relevant erachtetes, bislang noch nicht begrifflich zu fassendes Ereignis in der Partitur mit einem Symbol (X) festhalten. Zu diesem Zweck wurde etwa das Icon ‚Lichtblick' von einer Studierenden im Seminar skizziert: (Symbolgestaltung: Regine Hilt). Das begleitende Schreiben eines Text-Memos, etwa im Stile der Grounded Theory Methodology, unterstützt diesen Discovery-Prozess, um die noch vagen oder undifferenzierten Bedeutungseinheiten zu vertiefen. Die Differenzen zwischen den Ersteindrücken der Videobetrachtung zu Beginn einer Forschung und den analytisch-reflektierten Verstehensprozessen am Ende eines Forschungsprozesses können dabei von besonderem Interesse bei der Arbeit mit der Feldpartitur sein.

Im Laufe der reflektierten, forschenden Arbeit geschieht auf diese Weise eine zunehmende Aneignung des Videos auf der Basis der empirischen Daten.

---

[59] In meiner eigenen Arbeit habe ich die ausgewählten 15 Kurzsequenzen im Laufe der Forschungsjahre sicherlich mehrere hundert Male – nach immer wieder anderen Beobachtungskriterien – betrachtet. Reichertz und Hilt (Einzelfälle) berichteten in ihren Publikationen ebenfalls von einer sehr hohen Anzahl der Betrachtung sowohl innerhalb eines Forschungsteams oder einer Interpretationsgemeinschaft wie auch als Forschende alleine.

Der Prozess der Aneignung lässt sich dem Prozess der *Analyse,* also dem Zerlegen von Videodaten in Einzelkomponenten, als eine gegenübergestellte und eher *synthetische Leistung* des Passivbewusstseins (Kurt 2008) bezeichnen. Die beiden Funktionen der Ana-Lyse und der Syn-These sind in der praktischen Forschungsarbeit dabei nicht voneinander getrennt, sondern wechseln sich erneut zirkulär ab (zuweilen sprunghaft[60]), bedingen sich dabei gegenseitig. Dieser Vorgang der Aneignung wird mithilfe des diagrammatischen Partitursystems Feldpartitur unterstützt, indem im zunehmenden Forschungsverlauf in zunächst kleinschrittigen, später immer größeren Zügen die horizontale Betrachtung (d. h. der Verlauf des Zeitgeschehens auf der Partitur) als auch die vertikale Betrachtung eines Zeitgeschehens (das heißt die Betrachtung der gleichzeitigen Komponenten eines Handlungsablaufes) in mikroanalytischer Weise vorgenommen werden können. Die wechselweise Analyse und/oder der Vergleich der beiden Dimensionen zu- und miteinander führt allmählich zu einer sinnrekonstruierenden „Entschlüsselung" der Zusammenhänge im Sinne einer mikroprozessualen Sequenzanalyse zwischen den elementaren Einzelkomponenten innerhalb einer Gesamthandlung im Sinne des Bild/Videohabitus. Der permanente Rückbezug auf die originäre Videoaufzeichnung sichert dabei zusätzlich die Interpretation der Forschenden.

Die Arbeit mit der Feldpartitur ist daher ein funktionaler Ansatz, *verschiedene Kommunikationsmodi* des Mediums Film zunächst reflexiv zu erschließen und in zirkulärer Arbeitsweise den analogen Modus der Alltagswahrnehmung mit einer systematischen, reflexivanalytischen Arbeitsweise zu verbinden. Auf der Basis der nunmehr reflektierten und bewussten Einzelkomponenten geschieht eine differenzierte und empirisch nachweisliche und insbesondere nachvollziehbare Aneignung des Einzelfalles oder der ausgewählten Fälle. Die im Teil II des vorliegenden Buches ausgeführten Einzelfälle sollen anhand konkreter Forschungsfragen und -lösungen und innerhalb unterschiedlicher Forschungsmethoden veranschaulichen, wie die synthetische Zusammenführung der analytischen Zerlegungsprozesse erfolgreich vonstatten gehen kann.

3.3 *Feldpartitur-Transkriptionsprozesse*

> „Oft haben Partituren und Notationen (…) aufregendere Funktionen, wie etwa die, das Transponieren, das Verstehen, ja sogar das Komponieren zu erleichtern (…)." (Goodman, Philippi 2007, S. 125)

Wie in der Arbeit mit dem gesprochenen (Interview-)Text wird die Prozedur der Transkription auch beim Video bislang *„(…) oft missverstanden und unterschätzt, wenn sie als bloß technischer (und mühsamer) Bearbeitungsschritt des Datenma-*

---

[60] Siehe Moritz 2009.

terials vor der eigentlichen empirischen Analyse verstanden wird." (Ayass 2005, S. 377). Es geht beim Schreiben einer Feldpartitur keineswegs um eine standardisierte Übersetzungsaufgabe, sondern im Transfer von Videos in die Partitur steckt eine wesentliche wissenschaftliche Leistung, wie im Folgenden differenziert aufgezeigt werden wird. Das Wort „Transkription" verharmlost daher in gewisser Weise den Sachverhalt und suggeriert, die wichtigsten Aufgaben seien gelöst und bedürften nur noch eines einfachen Schritts, nämlich der Umsetzung.[61]

Das lateinische *trans-scribere* setzt sich zusammen aus den Teilwörtern trans = hinüber und scribere = schreiben, „hinüberschreiben". Die Bezeichnung Transkription wird in der abendländischen Kultur üblicherweise verwendet für die Übertragung von einer Schrift in eine andere Schrift, z. B. für die Transkription von Sprechen in geschriebene Sprache oder von einem Schrifttypus (z. B. einem phonographischen) in einen anderen (z. B. logografischen). Wie die Ausführungen in vorangehenden Textabschnitten gezeigt haben, wird der Begriff der Transkription in der vorliegenden Zielgruppe mittlerweile aber auch für das ‚Hinüberschreiben' der für Forschende bedeutsamen Inhalte eines *Videos* in einen Verbaltext genutzt.

Bei diesen „Transkriptionsprozessen" vom Video in das verbale Schriftsprachsystem unserer Kultur handelt es sich jedoch im Gegensatz zur Übertragung von Schrift zu Schrift oder Sprechen zu Schrift[62] um einen Kodewechsel[63]. Nüchtern betrachtet ist aus diesem Grund eine „Transkription" eines Videos in einen Verbaltext nicht möglich: Die *„Frage nach der angemessenen Protokollierbarkeit [ist] falsch gestellt, weil sie impliziert, es ginge der Sozialforschung im Wesentlichen darum, die auf dem Bild befindlichen, geordneten und miteinander verbundenen Flächen, Punkte, Formen, Farben verlustfrei in einen grammatisch, semantisch und pragmatisch korrekten Text zu verwandeln. Natürlich kann das nicht gelingen (...). Gleiches würde passieren, wenn man versuchen würde, die Töne eines Musikstücks möglichst verlustfrei in Text zu transformieren." (Reichertz, Englert, MS S. 17)*

---

[61] Siehe zu desem Aspekt Vortrag Deppermann, Arnulf Berliner Methodentreffen 2011, Dokumentation www.qualitative-research.de.
[62] Zum Unterschied zwischen Schriftsprache und Sprechen Schmitt, Deppermann 2010, Schuette 2010.
[63] Genaugenommen handelt es sich beim Feldpartiturschreiben daher eigentlich um einen Prozess der *Transformation*. Die Bezeichnung „Videotranskription" für das System der Feldpartitur wurde jedoch beibehalten, denn zum einen hat sich der Begriff innerhalb bestehender Forschungstraditionen auch beim Datentypus Video etabliert, wie bereits erwähnt. Weil die Feldpartitur darüber hinaus an bestehende Verbaltranskriptions-Standards anschließt und diese durch weitere Teilkomponenten ergänzt, wird es als sinnvoll erachtet, die Bezeichnung zum Zweck des Anschlusses an bestehende Forschungstraditionen zuungunsten des Transformationsbegriffes beizubehalten. Darüber hinaus hat die Feldpartitur die gleiche Funktion im Forschungsprozess wie bei der Transkription gesprochener Sprache: sie dient der Erfassung technisch aufgezeichneter Zeitprotokolle mit dem Zweck einer anschließenden differenzierten Untersuchung ihrer Strukturen oder Konstruktionsprinzipien sowie deren innerer wie äußerer Zusammenhänge.

3.3.1 Warum Videos transkribieren?

Forschende sehen sich aus diesem Grund vor einem nichttrivialen Problem, denn die zwingende Notwendigkeit zu einer geeigneten, also mediengerechten Transkription von Videodaten entsteht durch drei unerlässliche Faktoren.

1. Zum Einen lassen sich die meisten durch Videodaten gewonnenen Beobachtungen, Einsichten oder Erkenntnisse des multikodalen Datentypus Video aufgrund seiner semantischen Vieldeutigkeit (ihrer Polysemie, Barthes 1990) weder in der jeweiligen Bedeutung, geschweige denn begrifflich eindeutig (er)fassen. Das Medium der Sprache, welches im logoszentrierten Wissenschaftsbetrieb das Kommunikationsmedium stellt, ist aufgrund seiner Eigenschaften weder geeignet, die Strukturmerkmale des Videos noch deren immanente Bedeutung wiederzugeben[64].
2. Eine zweite, ganz anders geartete Notwendigkeit zu einer Transkription von Videodaten liegt vor, wenn die Freigabe des Videomaterials durch die Probanden nicht erteilt wird. Videodaten als besonders sensibler Datentypus unterliegen noch strengeren ethischen Anforderungen als Textdaten, und werden von Feldpersonen nicht immer zur Veröffentlichung freigegeben. Notwendig ist also ein Trägermedium, welches die jeweilige Erkenntnis auch ohne originäre Bilddaten zu kommunizieren hilft.
3. Ein dritter Faktor zur Transkription von Videodaten entsteht durch die Notwendigkeit der Darstellung der Forschungsergebnisse in ein schriftsprachliches System zum Zweck einer öffentlichkeitsfähigen Publikation. Denn auch wenn visuelle Medien durch die Möglichkeiten des Internet oder der Beigabe digitaler Trägermedien eine zunehmende Verbreitung auch in der Wissenschaftswelt erfahren, können Bild- und Videodaten innerhalb des überwiegend durch Schrift und Sprache kommunizierenden Wissenschaftsapparates derzeit in vielen Fällen – ob aus AutorInnen- oder VerlegerInnensicht – nicht als solche veröffentlicht werden, sondern bedürfen zum Zweck einer Publikation der Übersetzung in ein schriftsprachliches Trägermedium.

---

[64] Vergleiche hierzu den interessanten Ansatz, Videobilder im wissenschaftlichen Diskurs anstelle des Wortes für sich „sprechen" zu lassen Kurt 2010, Mohn 2010. Siehe Reichertz: *„Solange man bei dem Transformationsversuch bei den Einheiten bleibt (...) kommt man nicht sehr weit (...). Bilder ebenso wie die mentalen Bilder, die entstehen, wenn wir Bilder betrachten, sind mit Sprache und Sprechen nicht wirklich greifbar."* (Reichertz, Englert, 2010, MS S. 17) Vergleiche die Ausführungen von Bohnsack: *„Eine Verständigung im Medium des Bildes selbst vollzieht sich aber eben – in den Bereichen, in denen sie als solche gelingt und sich nicht (ergänzend) des Mediums Sprache bedienen muss – auf der Basis impliziter (gemeinsam geteilter) Wissensbestände."* (Bohnsack 2009, S. 137), siehe auch zur Unterscheidung zwischen Aneignung und Interpretation von Bilddaten Bohnsack 2009.

3.3.2 Wie Videos transkribieren?

Im System der Feldpartitur wird der Umweg der Übersetzung von Videodaten in die Sprache vermieden. Es werden statt dessen in einem ersten, durchaus noch begrifflich-unbestimmten Arbeitsschritt die Einzelkonstituenten eines Videos zum Zweck der Transkription in reflexiver Weise zunächst sukzessive identifiziert. Denn wie unten systematisiert werden wird, bestehen Videodaten zwar zu einem kleinen Teil auch aus Sprech- oder Textdaten, jedoch werden sie in einem weit größeren Umfang durch vielfältige visuelle und auditive Daten- und Ausdruckskomponenten gebildet. Videodaten lassen sich im Prozess ihrer Transkription daher, wie bereits aus den Ausführungen der vorangehenden Textabschnitte klar geworden sein dürfte, grundsätzlich als multikodale Daten begreifen, die sich eben nicht (nur) dem Symbolcode der Sprache oder auch nur des Bildes bedienen. Das Filmische als ein Ganzes umfasst – und zwar unabhängig davon, um welche der drei vorgestellten Video-Kategorien es sich handelt (siehe Textabschnitt 1.1.) – vielseitige Ausdrucksmöglichkeiten wie Musik, Geräusch, Sprache, Geste, Mimik, Raum, Symbole und Artefakte, Bewegung, und manchmal auch den Tanz, den Rhythmus, die Veränderungen des Lichts etc., innerhalb jeweils unterschiedlicher Perspektivität, Rahmung etc. – die *„sich ihrerseits jeweils ihrer ‚eigenen Sprache' bedienen und somit zu verschiedenen Zeichenebenen führen"* (Hilt 2010).

Es stellt sich in der Forschungsarbeit mit audiovisuellem Datenmaterial daher die zentrale Frage, wie solcherlei komplexe multikodale Videodaten sich in ihren Bedeutungsstrukturen überhaupt wahrnehmen, deuten und schließlich erfassen und kommunizieren lassen. WissenschaftlerInnen müssen sich daher *„die Frage stellen, durch welche Art der Transformation die wenigsten Informationsverluste entstehen und wie der Film in seiner audio-visuellen und bewegten Form am besten in die Analyse einbezogen werden kann."* (Joost 2008, S. 57).

Mit einer Feldpartitur lassen sich die beschriebenen Probleme und Anforderungen an die Transkription von Videodaten lösen. Angepasst an die Medieneigenschaften des Gegenstandes werden Ereignisse in Ihrer Prozessualität (linearity) und mittels Zeichen und Symbolen in ihrer Gleichzeitigkeit (simultaneity) erfasst durch die Übertragung von Bedeutungsträgern in ein zwei-Achsen-Diagramm[65], eben eine Feld-„Partitur".

---

[65] Ein Diagramm (vom griechischem diagramma = geometrische Figur, Umriss) ist eine grafische Darstellung von Daten, Sachverhalten oder Informationen. Je nach der Zielsetzung des Diagramms werden höchst unterschiedliche Typen eingesetzt. Die Bandbreite von bildhaften Elementen bis rein abstrakten Gebilden ist dabei sehr groß. Im Unterschied zum Piktogramm (oder Bildsymbol) wird mit Hilfe eines Diagramms vor allem versucht, einen *Zusammenhang* zu verdeutlichen, während ein Piktogramm nur für *eine* gezielte Information steht. Diagramme sind zudem oft *codiert,* was bedeutet, dass man mit Hilfe seines *Vorwissens* ein Diagramm analysieren muss, um es verstehen zu können, während ein Piktogramm durch seinen *ikonischen (bildlichen) Charakter* unmittelbar

Prozessualität: Die Feldpartitur erwirkt im Transkriptionsprozess in Ihrer ersten Eigenschaft eine Linearisierung der Videokomponenten, und konstituiert auf diese Weise die „x-Achse" in der Partitur. Die Linearisierung bedingt eine Festlegung eines zu inskribierenden Raums auf einem Blatt Papier (entsprechend elektronisch auf einem Bildschirm, im Folgenden gleichgesetzt). Auf diese Weise werden die für die Inskription relevanten von den irrelevanten Zonen der Fläche abgegrenzt. Erst nach dieser Begrenzung lässt sich ein Inskriptionsraum in weiterer Hinsicht ordnen.

Diese Linearisierung in der Feldpartitur geht einher mit einer *Zeitleiste* – etwa eines Sekunden-Abstandes. Die Zeitleiste lässt sich entsprechend der jeweils vorliegenden Forschungsfrage kalibrieren und ermöglicht dadurch – gemäß Zwiebelprinzip – unterschiedliche Feinheitsgrade, und somit unterschiedliche Blickwinkel („Zoomen des Forschungsblicks") der Transkription[66]. Innerhalb einer Transkriptionsdatei bleiben die Marken jedoch immer gleich. Die Zeitlängen werden maßstabsgetreu (analog) mit gleichen Zeilenlängen versehen, wodurch nunmehr eine Visualisierung der Zeit-Abstände im Video und die mögliche Messung der Zeitlängen gegeben ist. Auf diese Weise erfolgt neben dem erforderlichen Faktor einer endlichen Differenzierung des andauernden Zeit-Kontinuums zusätzlich die Festlegung einer spezifischen Raumlänge zu einem spezifischen Zeitabschnitt, wodurch die Eigenschaft der Dauer eines Ereignisses in der Partitur gemessen werden kann. Die Linearisierung im System der Feldpartitur unterscheidet sich demnach in dieser Hinsicht von der Linearisierung in den meisten gängigen Transkriptionssystemen der gesprochenen Sprache[67] aber auch der Musik[68], wo der Faktor Dauer symbolisch dargestellt wird.

Es ist an dieser Stelle zu reflektieren, dass dieser Vorgang der Zerlegung von Zeit nicht ohne „Verlust" vonstatten gehen kann. Sondern der Transkriptionsprozess führt aktuell-gegenwärtige Zeit mit ihrer Eigenschaft bruchloser Kontinuität in ein digitales, nichtfließendes Koordinatensystem in Form eines Rasters bzw. einer oder mehrerer Zeilen über. Die Bewegungsgeste einer Feldperson, oder auch der durch das Video vermittelte Körperausdruck eines Menschen, und selbst der

---

verständlich ist. Allerdings können Diagramme durchaus Piktogramme enthalten. Siehe hierzu Goodman 2007, S. 125 ff, Jakobson 2002, Joost 2008, Hilt 2010.

[66] So habe ich in meiner Dissertation ein Zeitraster von 0,4 sec gewählt, weil das Forschungsinteresse auf den Mikroprozessen der Interaktion lag. Hampl wählt bei der Analyse von TV-Sendungen mit Fokus auf Sprache und Gesten üblicherweise 1 sec Zeitabstand für die Transkription, ebenso Hilt (Einzelfall Teil II). Bei Joost hingegen wird die Auswertung eines Gesamtfilms auf einige Zentimeter Länge komprimiert (Internetpublikation, kein Ausdruck).

[67] Verbale Interaktion basiert im Wesentlichen auf Ordnungen des Nacheinander (siehe Sacks et al. 1974).

[68] Zeitfluss im System der Musik wird nicht durch digital messbare Zeitleisten, sondern durch Takte erwirkt, welche als semantische Einheiten von Zeit gelten dürfen. Dauern werden symbolisch durch entsprechende Zeichen repräsentiert. Digitale Formen der Musiknotation finden allerdings zunehmend Anwendung im Bereich Neuer Musik und Elektronischer Musik.

affektive Ausdruck einer schnittrhythmischen, also zeitlichen filmischen Gestalt sind in ihrer Bedeutung jedoch immer unendlich viel mehr als die bloße Aneinanderreihung von Symbolen, Punkten oder Kodes. Aus diesem Grund wird in den bisherigen Anwendungen mit der Feldpartitur ein beständiger *Wechsel zwischen dem Betrachten des originären Videofilmes* und dem analytischen *Schreiben der Feldpartitur* praktiziert.

Gleichzeitigkeit[69]: In ihrer zweiten Dimension, ihrer Y-Achse ermöglicht die Feldpartitur durch die Übereinanderschichtung mehrerer Zeitlinien der X-Achse die Darstellung der *Gleichzeitigkeit* multikodaler Ausdruckssysteme des untersuchten Videos. Die Symbole und Zeichen, welche den Linien inskribiert werden, können unterschiedlicher Herkunft sein. Die Feldpartitur kategorisiert, wie im Textabschnitt 3.3.6.1. detailliert ausgeführt werden wird, derzeit bestehende konventionelle Zeichen-Subsysteme, die repräsentationale Darstellung des Bildhaften *(frame-by-frame-Analyse)*, die Transkription des Sprechens *(‚transcript')*, Die Notation durch Einsatz unterschiedlicher Notationssysteme *(‚notescript')*, das hiervon kategorial zu unterscheidende Kodieren *(‚codescript')* sowie die Verbalumschreibung von Ereignissen *(‚Text')*. Die Transkription mit einer Feldpartitur erlaubt aufgrund erweiterter technischer Möglichkeiten[70] die Einbindung notationaler Symbole wie etwa der Filmsprache, und für Kodes Etiketten, Kode-Worte, semantologische Symbole (z. B. Piktogramme), schematische Zeichnungen und vieles mehr (vergleiche Textabschnitt 3.3.6.). Ebenso möglich ist technisch die Verwendung analoger/grafischer Notationsschemata, wie etwa die Darstellung von Tonhöhenunterschieden der Sprechstimme durch auf- und absteigende Linien (so wie es etwa bei GAT2, Selting 2009 in jüngster Zeit praktiziert wird).

Eine Begrenzung der Subskriptionszeichen innerhalb der Editier-Modi wird angesichts der globalen Verfügbarkeit denkbarer Zeichen- und Symbolsysteme im Internet ausschließlich durch die Anwendenden sowie in der Fülle durch technische Realisierbarkeit schnell zu groß werdender Partitur-Dateien gesetzt.

Die nunmehr fixierten Zeilen-Transkriptionen in ihrer Übereinanderschichtung ermöglichen der menschlichen Wahrnehmung, was während der Betrachtung des zeitkontinuierlichen Fließens mit dem bloßen Auge nicht gelingt: Die

---

[69] Siehe zur Synchronizität und Linearität in der Rezeption audiovisueller Daten überblickend Bohnsack 2009; zur synchronen vs. diachronen Rezeption visueller Daten Knoblauch 2004, „Simultaneität (Raum- oder Körperkunst) und Sukzessivität (Zeit- und Dauerkunst)" (Kloepfer 2003: 5).
[70] Bislang wurden folgende Softwaren für die Herstellung von Feldpartituren verwendet: Excel, Finale (Musiknotation), Oktava (Musiknotation). Das Produkt „Feldpartitur basic" enthält die Funktionen automatische Herstellung einer Zeitachse, automatischer Still-Import sowie ein Grundsetting an Zeichen (alphabetische Schrift, Piktogramme, Musiknoten und -ausdruckszeichen) u. a. Aktuelle Informationen www.feldpartitur.de.

Erfassung der Gleichzeitigkeit der im Video auftretenden Kodes ist durch das vertikale Betrachten der Partitur jetzt unabhängig von der linearen Abfolge möglich[71].

3.3.3 Funktionen der Feldpartitur in unterschiedlichen Phasen des Forschungsprozesses

So wie in der Entwicklung der Sprache oder der Musik durch die Entwicklung der jeweiligen Schreibschrift historisch ein kognitiver Sprung nachweislich ist, eröffnet auch die Transkription mit der Feldpartitur erweiterte Erkenntnismöglichkeiten für Forschende, die derzeit in den folgenden, in den vorangehenden Textabschnitten bereits an unterschiedlichen Stellen erläuterten, vier Funktionen kategorisiert werden.

- Die Feldpartitur dient im Sinne eines *Analyseinstruments* während des komplexen Wahrnehmungsprozesses Forschenden als Hilfsmittel, die Informations-Überfülle systematisch und in reflektierter WEise zu bewältigen.
- Die Feldpartitur strukturiert und systematisiert nicht nur die Wahrnehmung der Forschenden bei der Betrachtung ihrer Videos. Dieser Prozess geht einher mit einer zunehmenden Kompetenz in der Erschließung des videoimmanenten Sinns. Aus diesem Grund fungiert die Feldpartitur insbesondere im Kontext forschungsmethodischer Lehr-Situationen als *Qualifizierungsinstrument*.
- Im fortgeschrittenen Forschungsprozess wird die Frage zu beantworten sein, auf welche empirische Weise und unter welchen (Kontext-)Bedingungen sich die jeweilige Bedeutung im Video auf der Basis der vorfindlichen Einzelkomponenten interpretieren/rekonstruieren lässt. Diese Erkenntnisse sollen innerhalb des Wissenschaftsbetriebes dargestellt und kommuniziert werden. Hier wird die Transkription mit einer Feldpartitur für Forschende zu einem *Darstellungsinstrument*.
- Schließlich lässt sich die Partitur in ihrer vierten Funktion als ein *Messinstrument* anwenden, da die einzelnen Ereignisse im Video in Ihrer Dauer und in Ihrer Qualität erfasst wurden. Der Export der Daten in weitere Auswertungssoftware (Statistik, Tabellenkalkulation etc.) erweist sich für Qualitativ-Forschende notwendig, wenn Eigenschaften einer Kategorie in ihrer

---

[71] Die Nutzung eines Partitursystems zum Zweck der Handhabung von Videodaten wird nicht erst in der vorliegenden Arbeit praktiziert. Bereits Eisenstein verwendete Partiturschreibweisen (Eisenstein 1975). Bereits ausgeführt wurden die Partiturschreibweisen der Sprechtranskriptions-Konventionen HIAT und GAT, die sich auf die Sprechhandlung beschränken, des „Notationsprotokoll", welches sich auf rhetorische Figuren im Film beschränkt, sowie die Software Akira (Klöpfer 2003).

quantitativen Auftretenshäufigkeit (‚häufig', ‚oft', ‚nie') oder in ihrer prozessualen Aufeinanderfolge (‚patterns') beschrieben werden sollen.

Bei der Betrachtung dieser vier Funktionsweisen ist zu beachten, dass die beiden heuristischen und die beiden darstellenden Funktionen der Feldpartitur sich gegenseitig bedingen. Denn auf der einen Seite zwingt der Bedarf nach einer Ergebnisdarstellung und -kommunikation Forschende zur Verschriftung. Umgekehrt zwingen die Eigenschaften des nichtsprachlich-multimodal zu rezipierenden Datentypus eine zunehmend kleinschrittige und differenzierende -Erschließung, wodurch sich aber neue Erkenntnisse und Entdeckungen innerhalb des Datenmaterials einstellen -die wiederum der Verschriftung bedürfen und so fort. Auf diese in der Qualitativen Forschung meist als zirkulär zwischen induktiven, deduktiven und abduktiven Denkprozessen wechselnden Forschungsvorgang beschriebene Weise[72] entwickelt sich eine Feldpartitur allmählich und zunehmend verdichtend entlang eines Forschungsprozesses. Eine Expertin brachte in einem Interview diese beiden sich gegenseitig bedingenden Funktionen in folgenden Worten zum Ausdruck:

„Auf der einen Seite braucht man also ein System, welches eine Hilfestellung für die analytische Arbeit bietet. Aber nicht alle Aufzeichnungen, die getätigt werden, müssen dann auch veröffentlich werden, sondern hier wählt man dann aus. Wichtig ist aber während der Analyse, Überblick über das Video zu haben und die Ereignisse die gerade von besonderem Interesse sind, auf einer Zeitspur festzuhalten und immer weiter zu untersuchen. Die Veröffentlichung in einer voll ausgestalteten Partitur wäre dann vielleicht nur für spezifische und relevante Sequenzen notwendig. Das sind also zwei ganz verschiedene Arbeitsprozesse und Anforderungen an die Software." (Experteninterview Kotsch)

3.3.4 Kriterien an eine funktionsfähige Video-Transkription

In diesem Textabschnitt sollen die Kriterien, die an eine funktionsfähige Video-Transkription gestellt werden, kurz zusammengefasst werden.

- Eindeutigkeit

Die Feldpartitur nutzt bestehende und gekennzeichnete Transkriptionskonventionen unterschiedlicher Zeichen- und Symbolsysteme, um dem Kriterium der Eindeutigkeit zu genügen. Das Hinzufügen eigener Konventionen ist angelehnt

---

[72] Reichertz 2002, Kelle 1994, Glaser, Strauss 1967.

am Kriterium der Gegenstandsangemessenheit hinsichtlich der Forschungsfrage grundsätzlich denkbar; eigene Konventionen müssen jedoch begründet, definiert und der Entstehungskontext für Außenstehende nachvollziehbar dokumentiert werden (Legende).

- Lesbarkeit

Verwandt mit dem Kriterium der Eindeutigkeit ist das der Lesbarkeit. Diese wird neben Konventionalität durch Beachtung visueller Kriterien gewährleistet. In der Gestaltpsychologie (nach Ehrenfels und Wertheimer (siehe Smith, v. Ehrenfels 1988; Goldstein, Irtel 2008) werden die Gesetze der „guten Gestalt" unter dem Kriterium der „Prägnanz" erörtert: Hinlängliche Figur-Grund-Wahrnehmung, Ähnlichkeit zwischen als zusammengehörig erkannten Ereignissen, Nähe zwischen Ereignissen, Fokus innerhalb eines umgebenden Rahmens, Einfachheit, Kontinuität, Geschlossenheit, Verbundenheit innerhalb einer Gestalt-Gruppe[73].

- Einfachheit – „complexity kills"

Beim Schreiben einer Feldpartitur ist eine Balance zwischen dem Aufwand für die Form und dem dadurch zu erlangenden Erkenntnisgewinn sorgfältig abzuwägen. Wenn der Aufwand für eine Methode mehr Komplexität als Klarheit bringt, ist das System nicht sinnstiftend. Die Selektion der für die Beantwortung der vorliegenden Forschungsfrage relevante Ereignisse ist daher von großer Bedeutung für die gelingende Transkription. Etliche Forschungsfragen erfordern ein Basistranscript, welches etwa Bild-, Schnitt- und Sprechdaten enthält, und sinnvollerweise in einem Transkriptionsservice erworben werden kann. Explorative Forschungsfragen erfordern dagegen etwa an ausgewählten Schlüssel-Sequenzen das „Aufbrechen" von Videodaten in einem nahezu unbegrenzten Feld, insbesondere während des Forschungsbeginns und entsprechend umfangreiche Möglichkeiten der Transkription wie Kodierung. Neben der Selektion spielt das Kriterium der Prägnanz in diesem Sinnzusammenhang eine Rolle. Insbesondere im Bereich des Kodierens von Videodaten mit der Feldpartitur wird Prägnanz im Laufe der Forschungsarbeit erworben. Die Kategorisierung der Feldpartitur in fünf voneinander unterscheidbare Transkriptionsprozeduren (frame-by-frame-analysis, transcript, codescript,

---

[73] Der Aspekt der Lesbarkeit von Partituren wird in der vorliegenden Publikation noch nicht behandelt. An dieser Stelle sei lediglich auf Überlegungen zur Visualisierung im Bereich audiovisueller Medien verwiesen. Diese finden sich zum Aspekt der Symmetrie eines Bildschirmes z.B. bei Chang et al. 2002, Khazaeli 2005; Franck 2006; Stary 1997. Ware beschreibt die Zusammengehörigkeit („gemeinsames Schicksal") von Ereignissen durch gemeinsame Bewegungsdarstellung, etwa paralleler Bewegungselemente in einer Video-Animation (Ware 2005).

notescript, Verbalumschreibung), sowie visuelle Orientierungshilfen unterstützten die Einfachheit im Erscheinungsbild einer Partitur.

- „Zwiebelprinzip" (Basistranskription – Feintranskription)

Unter „Zwiebelprinzip" (siehe Selting 1998; Bergmann 1985, Korte 2005) wird die Anforderung an die Transkription verstanden, in unterschiedlichen Phasen des Forschungsprozesses unterschiedliche Feinheitsgrade der Transkription zu erwirken. So soll etwa auf der *Grundlage* einer Basistranskription ein zunehmender *Feinheitsgrad* entlang der *Forschungserkenntnisse* transkribiert werden.

Der Feinheitsgrad einer Transkription kann im System der Feldpartitur auf beiden Achsen vollzogen werden: Unterschiedliche Einstellungen der x-Achse (Zeitleiste) führen entsprechend zu kürzeren oder längeren Analyseeinheiten, welche wiederum unterschiedlich zusammengefasst werden können. Auf diese Weise kann im Wechsel ein Überblick über die Gesamtkodierung (unterstützt zusätzlich durch den Ansichtsmodus „Partiturplayer") oder der mikroskopische Blick auf das Detail geworfen werden. Veränderungen der y-Achse ermöglichen das Hinzufügen oder auch Hinfortnehmen von Transkriptionsspuren sowie das Zusammenstellen ausgewählter Zeilen durch die „Blindstellfunktion".

- Robustheit

Unter dem Kriterium der Robustheit wird gemeinhin die konventionelle Verständlichkeit einer Notation, im engeren Sinne deren Reliablität[74] verstanden. Eine Partitur ist nicht robust, wenn sie sich aus idiosynkratischen Sonderzeichen speist, die sich nicht oder nur mit größter Mühe in ihrer Bedeutung entziffern lassen. Die Robustheit einer Feldpartitur ist von besonderer Bedeutung im Zusammenhang visueller Notationsformen, da diese – wie das Video selbst – ad hc kommunizieren, und die Gefahr der Verlagerung des Problems durch die Erschaffung eines zweiten polysemen Datenmaterials gegeben ist.

- Kompatibilität

Um Transkriptionen in möglichst vielen Programmen und Editoren verwenden zu können, sollte die computertechnisch unterstützte Transkription möglichst kompatibel mit weiteren Computerprogrammen sein.

---

[74] Meines Wissens wurde die Frage der Reliabilität von Transkriptionen bislang auch bei der Transkription von Interviews erstens vernachlässigt, zweitens noch nirgendwo eingehend behandelt.

- Anonymität

Die Partitur ist ein Strukturbild des originären Videos entsprechend der ausgewählten Kategorien. Die Bilddaten und die Videodaten können während und/oder nach der Transkription von der Partitur abgetrennt oder „blind" gestellt werden. Alle Export-Funktionen lassen sich auch ohne Bilddaten bewerkstelligen.

3.3.5 Bestandteile einer Feldpartitur

Die Bestandteile einer Feldpartitur bestehen in einem Datenkopf, einer Legende und der eigentlichen Partitur.

Der Datenkopf der Feldpartitur enthält Metadaten, die je nach zugrundeliegender Video-Kategorie die Informationen Bezeichnung der Videoaufzeichnung, Anzahl und Art sowie Bezeichnung der Kontextdaten (weitere Videos, Interviews, Dokumente etc.), Name der Aufzeichnenden, Name (ggf. anonymisierter Name/Kürzel) der Aufgezeichneten. Überblickende Angabe zur Aufzeichnungssituation, Angabe besonderer Ereignisse, Angabe zur Gesamtlänge des Videos, Grobkodierung des Videos (Vergabe von Überschriften). In der Video-Kategorie Video als ein Dokument empfiehlt sich Titel des Filmes, Angabe der Filmgattung, Art und Ort der Veröffentlichung, Angabe der Personen des Kamera- und Produktionsteams (falls bekannt), Auflistung der abgebildeten Akteure, Auflistung zentraler Videoinhalte (z.B. im Sinne eines Filmprotokolls die paraphrasierende Zusammenfassung der Handlungsabfolge Videos). In der Sonderkategorie „Eigenproduktionen" der Feldpersonen sind zusätzlich zu den oben genannten Angaben der Name des/der AufzeichnerInnen, der Name (ggf. anonymisierter Name/Kürzel) der beobachteten Akteure, die Bewegungsaktivität der Kamera, Positionierung(en) der Kamera, Kontextdaten (z.B. Filmmusik, Kommentartexte, Interpretationstexte etc.) anzugeben. Je nach Forschungsdesign können weitere Angaben hinzukommen.

Die Feldpartitur enthält als unverzichtbares Element eine Legende aller verwendeten Zeichen und Symbole sowie Bezeichnungen (z.B. Zeilen) als Bezugsrahmen, innerhalb dessen die Subsktiptionszeichen gelten. Bei der Entwicklung neuer Symbole oder Zeichen ist eine exakte Definition der Zeichenbedeutung und insbesondere der Defintion des jeweiligen Wirklichkeitsbezuges notwendig, um die Zeichen kommunizierbar zu gestalten. Eine Legende kann sich im Laufe einer explorativen Forschungsarbeit entsprechend des Differenzierungsgrades der Forschung verändern.

Das dritte Element der Feldpartitur ist die Partitur. Der Prozess des Partiturschreibens kann kategoriengeleitet oder explorativ durchgeführt werden. In beiden Arbeitsweisen werden während des Schreibprozesses sowohl innerhalb wie außerhalb des Tabellenschemas Transkriptionszeichen vergeben. Das Editieren erfolgt auf der einen Seite innerhalb des durch die Partitur gegebenen Rasters, auf der anderen Seite werden relevante Zusammenhänge in Form sog. rasterübergreifender Kodes oder patterns notiert. Diese entstehen üblicherweise während des Transkribierens und können während des Transkriptionsprozesses als (vorläufige) Hypothesen (zum Beispiel im Forschungsstil der GTM) ausformuliert werden und das weitere Forschungsvorgehen mittels induktiver und deduktiver Prozesse am Material begründen. Die abschließende Erstellung der Partitur kann auf der Basis detaillierter und nachvollziehbarer patterns durch die Auswahl von Schlüsselsequenzen oder voneinander kontrastierender Sequenzen in Form einer vollständigen Mikrotranskription erfolgen.

3.3.6 Zeichensysteme der Feldpartitur

Wie in den bisherigen Ausführungen dargelegt wurde, umfasst die Feldpartitur mehrere notationale Subsysteme. Neben dem Framing (automatische Erstellung von Einzelbildern aus dem Video) werden vier kategorial voneinander zu unterscheidende Transkriptionsprozeduren angewandt, die je nach Forschungsfrage und -ansatz ausgewählt und kombiniert werden können. Die Kategorisierung in diese fünf Bereiche ist auf der Basis der oben genannten Literaturrecherche und auf der Basis der ersten erprobenden Anwendungen der Feldpartitur erfolgt. Die Feldpartitur ist methodenneutral konzipiert, d. h. je nach entsprechender Forschungsmethode werden Editiermodi angewandt, andere dahingegen nicht.

- „*Framing*": Repräsentationale Darstellung visueller Konstituenten durch das stehende Einzelbild
- „*transcript*" (TS): Transkription gesprochener Sprache (Sprechen)
- „*notescript*": Notation (NS) von konventionellen Symbolen („Noten") innerhalb eines Bezugsrahmens
- „*codescript*": Kodierung (CS) von Ereignissen im Video durch Interpretation und Deutung
- „*Text*" (TXT): Verbalumschreibung von Ereignissen im Video (z. B. von Handlung)

Das Frameing erlaubt durch die Aneinanderreihung stehender Einzelbilder die Erfassung repräsentational vermittelter Information im Videobild (wie etwa eine Bildanalyse, Konstellationsanalyse oder planimetrische Bildinterpretation) durch die frame-by-frame-Analyse. Der Export relevanter Einzelbilder[75] wird dabei unter Umständen im Rahmen von Einzelfalldarstellungen in einen laufenden

---

[75] In der Software Feldpartitur lassen sich die automatisch generierten Einzelbilder durch Klicken mit der rechten Maustaste exportieren.

wissenschaftlichen Text integriert. In vielen Fällen ist die Veröffentlichung von Bilddaten nicht möglich, weshalb die Kommunikaton innerhalb der Scientific Community ausschließlich anhand von Partiturdaten anderer Editiermodi erfolgt.

Die beiden Editiermodi transcript- (TS) und notescript (NS) greifen, wie in den folgenden Textabschnitten ausgeführt werden wird, bestehende Konventionen aus der Forschungslandschaft auf, wodurch eine weitestgehende Kommunizierbarkeit innerhalb der Community erreicht ist.

In der Feldpartitur werden diese beiden konventionellen Editiermodi mit der Möglichkeit zur Kodierung (codescript, CS) verbunden, wie im Textabschnitt 3.3.6.3. ausgeführt wird. Codescript (CS) schließt demnach an das umfassende Thema der Video-Analyse an.

Die Verbalumschreibung (TXT-Modus) schließlich wird erforderlich zum Beispiel bei der Erfassung von Handlungsprozessen und für unterschiedliche Formen des Memoing, z. B. während der Phasen des Erstverstehens.

Die auf diese Weise mögliche Differenzierung der im Video liegenden Informationen lässt bei der Forschungsarbeit am Video einen ähnlich kognitiven Sprung erwarten, wie er in den Kodesystemen Sprache, Musik oder Tanz durch die Entwicklung einer geeigneten Schreibschrift historisch nachweislich ist. Das Instrument eröffnet Forschenden aus diesem Grund noch unbekannte Möglichkeiten der Erforschung von Videos unterschiedlicher Genres innerhalb unterschiedlicher Forschungsmethoden und -methodologien.

Die beiden folgenden Tabellen[76] listen zusammenfassend die visuellen (Tabelle 1) und auditiven (Tabelle 2) Konstituenten eines Videos (jeweils 1.–4. Spalte) und deren Möglichkeiten zur Erfassung in der Feldpartitur (jeweils 4.–5. Spalte) auf.

Alle in diesen Tabellen aufgeführten Einzelkonstituenten des Datenmaterials erscheinen im Video aufgrund seiner Medieneigenschaft in *linearer* Abfolge. Die Linearität erfolgt dabei – wie bereits weiter oben im Textabschnitt 3.3.2. ausgeführt – nicht kettenförmig bloß aneinandergereiht wie es im Schriftsystem der Sprache geschieht, sondern *fest eingeschrieben* in ein gleichförmig laufendes Band, also eines Zeitkontinuums (X-Achse der Partitur). Somit lässt sich jede einzelne Komponente im Video eingebunden in einen *Prozess* mit der zugrundeliegenden Eigenschaft messbarer und veränderlicher Geschwindigkeit und (Beschleunigung oder Verlangsamung) erfassen.

Neben dieser prozessualen Erscheinung sind im Video mehrere genannte Einzelkomponenten in der *Gleichzeitigkeit,* also zeitsynchron vorfindlich. Die Gleichzeitigkeit der Ereignisse, die Überlappung oder Aufeinanderfolge lässt sich durch Eintragungen auf der Y-Achse der Partitur abbilden.

---

[76] Die Tabellen beruhen auf der Recherche der zitierten Basisliteratur sowie auf Erfahrungswerten mit bisherigen Anwendungen. Ein Anspruch auf Vollständigkeit besteht selbstverständlich nicht.

Transkription von Videodaten 61

Kategorie		Element	Beispiele	Transkriptionstypus	Zeilentypus
Visuelle Daten	Bildkomponenten	Das Abgebildete	mise en scene, Ausstattung, Akteure und deren Handlung; visueller Ausdruck, Text im Bild etc.	Repräsentational (frame)	Frame
				Verbalumschreibend	TXT
				Kodifizierend	CS
		Kadrierung	Weite, Totale, Detail, Nahaufnahme	Notifizierend (Filmsprache)	NS
		Schärfe	Vordergrund, Wischtechnik	Notifizierend (Filmsprache)	NS
		Farbe	Abbildrealistisch, schwarz/weiß, verzerrt, digitale Farbgebung	Notifizierend (Filmsprache)	NS
				Repräsentational	Frame
		Kamera-Perspektive	Frosch-/Vogelperspektive, Augenhöhe	Notifizierend (Filmsprache)	NS
		Montage	Harter Schnitt, Überblendung	Notifizierend (Filmsprache)	NS
				Kodifizierend	CS
	Bewegungskomponente (A)	Kamerabewegung	Kamerafahrt, Handkamera	Notifizierend (Filmsprache)	NS
				Kodifizierend	CS
				Repräsentational	Frame-by-frame
	Bewegungskomponente (B)	Objektbewegung	Bewegung der Akteure, Tanz der Akteure, Massenbewegungen	Notifizierend (Laban-Notation)	NS
				Repräsentational	Frame-by-frame
				Kodifizierend	CS
	Konstellationskomponenten	Raumkonstellation	Ausstattung, Planimetrie	Repräsentational	Frame-by-frame
	Nonverbale Kommunikation	Mimik	Staunen, Lächeln	Notifizierend (Mimik)	NS
				Repräsentational	Frame
				Kodifizierend	CS
		Gestik	Zeigen, Gestikulieren, auch Gebärdensprache	Notifizierend (Gestik)	NS
				Repräsentational	Frame
				Kodifizierend	CS
		Körperausdruck	Kopfhaltung	Verbalumschreibend	Txt
				Repräsentational	Frame
				Kodifizierend	CS

Tabelle 1 Übersicht über visuellen Einzelkonstituenten eines Videos. Die Tabelle führt Kategorien und einige Beispiele (vierte Spalte), den Transkriptionsmodus (fünfte Spalte) und deren mögliche Umsetzung in der Software Feldpartitur (sechste Spalte) an.

Kategorie	Element	Beispiele	Transkriptionstypus	Zeilentypus
Auditive Daten				
Musizieren	Musikmaterial	Erklingende Musik im on oder off, Singen der Akteure	Notifizierend (Musik)	NS
			Kodifizierend	CS
			Verbalumschreibend	Musiknoten*
			Ausdruck	CS
	Postproduktive Musikunterlegung	Filmmusik, Jingles	Notifizierend (Musik)	NS
			Verbalumschreibend	Musiknoten
			Kodifizierend	CS
Geräusche	Geräusche	Schuss, Rauschen im Hintergrund	Kodifizierend	CS
			Verbalumschreibend	TXT
	Postproduktive Geräuschunterlegung	./.	Kodifizierend	CS
			Verbalumschreibend	TXT
Sprechen	Verbaler Inhalt	Gesprochenes im on, im off	Transkribierend	TS
			Kodifizierend	CS
	Postproduktive Unterlegung	Kommentar aus dem off	Transkribierend	TS
	Prosodische Elemente des Sprechens	Äh, Mhmh↑, (.)	Transkribierend	TS
	Paralinguale Elemente des Sprechens	Lautstärke, Geschwindigkeit, Betonung	Notifizierend (Ausdruck)	NS
	Tonhöhe	Hohes Sprechen	Tonlinienverlauf	TS**

* Version Feldpartitur basic 2011 enthält noch keine Musiknotation

** Bei dieser Kategorie handelt es sich streng genommen um den sechsten Editiertypus, nämlich dem Typus des Notationsschema. Dieser wird durch die Integration geeigneter Grafikprogramme umgesetzt und bleibt einer folgenden Veröffentlichung vorbehalten.

Tabelle 2   Übersicht über auditive Einzelkonstituenten eines Videos[76]. Die Tabelle führt Kategorien und einige Beispiele (vierte Spalte), den Transkriptionsmodus (fünfte Spalte) und deren Umsetzung in der Software Feldpartitur (sechste Spalte) an.

---

[77] Die Tabelle beruht auf dem aktuellen derzeitigen Kenntnisstand auf der Basis einer Recherche der bislang zitierten Basisliteratur sowie auf der Basis der Erfahrungswerte mit bisherigen Forschungsprojekten.

Als Achsenmodell gedacht, spannt sich dem Forschenden mit dem Datentypus Video demnach ein zwei-dimensionales System aus Bedeutungsträgern auf, in welcher die Linearität einer Abfolge auf der horizontalen, die Gleichzeitigkeit dieser Abfolge auf der vertikalen Achse gedacht werden kann.

Wesentlich für die Erschließung der *Bedeutung* eines Videos ist, dass weniger die isolierte Betrachtung einer *einzelnen* Komponente (Analyse) als vielmehr die spezifische und dynamisch sich verändernde *Kombination* (Synthese) der sich prozesshaft veränderlichen Einzelelemente einer Aufzeichnung ist, die im Rahmen eines derartigen Zeit-Raum-Kontinuums das medienspezifisch-sinnkonstituierende Moment kommuniziert und auf diese Weise in einer potentiell unendlicher Kombinationsmöglichkeit die Vielfalt kultureller Lebenswelten zum Ausdruck bringt.

Das System Feldpartitur strebt technisch die größtmögliche Flexibilität an, um den unterschiedlichen Bedürfnissen der Forschenden innerhalb unterschiedlicher Methoden gerecht zu werden: Sowohl in der X- wie Y-Achse wählen Forschende das für die jeweilige Forschungsfrage, Forschungsdesign oder gewählter Forschungsmethode geeignete Format selbst. Auf X-Achse lässt sich der Feinheitsgrad einer Transkription auf eine eher mikroskopische oder auf eine eher makroskopische Forschungsperspektive einstellen. Technisch umsetzbar sind – je nach zugrundeliegendem Datenformat ein Kalibrierungsgrad ab 0,4 sec in Playerfunktion die Zeitlupe bis derzeit 60 sec pro Analyseeinheit. Die Flexibilität auf der Y-Achse liegt in Art und Anzahl der Zeilen sowie der Auswahlmöglichkeit des jeweiligen Zeilentyps und auch deren Reihenfolge. So können während eines

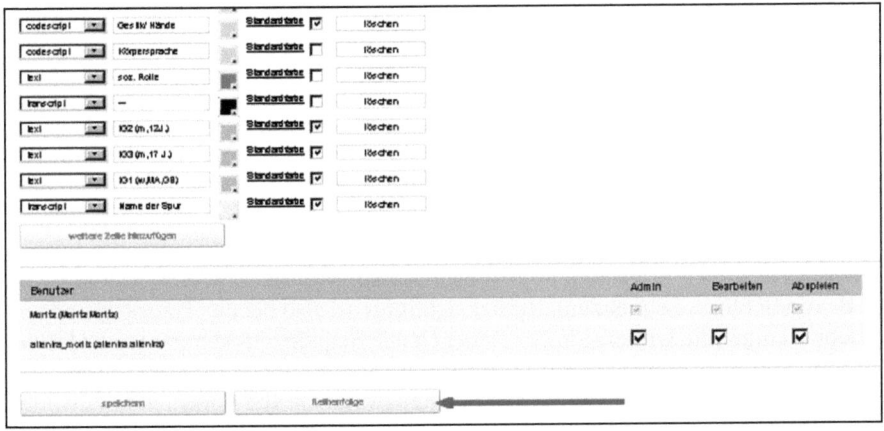

Abbildung 3   Screenshot der Software Feldpartitur (Betaversion). Einzelne Zeilen der Partitur anlegen, im Editiermodus festlegen, beschriften, färben, blindstellen, löschen, wiederherstellen und (Pfeil) in deren Reihenfolgen tauschen.

zirkulären Forschungsprozesses Zeilen und Zeilentypen immer wieder neu generiert, weiterentwickelt, vertauscht, gelöscht oder auch, zum Beispiel zum Zweck der Hervorhebung einzelner Aspekte – vorübergehend „blindgestellt" werden.

Die Entscheidung darüber, welcher Kalibrierungsgrad geeignet und welche Anzahl an Spuren in welchen Transkriptionsmodi auszuwählen sind, orientiert sich in erster Linie an der Forschungsfrage sowie den methodischen und methodologisch begründeten Vorgaben (und nicht zuletzt am vorliegenden Datenmaterial sowie den technischen Voraussetzungen der Forschenden). Innerhalb einzelner Forschungszweige erlaubt bereits zum gegenwärtigen Zeitpunkt die Feldpartitur den Rückgriff auf bestehende Video-Transkriptionsroutinen: Nahtlos ist die Verwendung einer Feldpartitur für Videotranskriptionen mit der *Dokumentarischen Forschungsmethode* (Bohnsack 2009) möglich, indem die Feldpartitur sich auf rein repräsentationale Erfassung des Videos in Form einer frame-by-frame-Analyse unter Hinzuziehung einer Anzahl TS-Zeilen zur Transkription gesprochener Sprache begrenzt[78]. Ein Feldpartiturdesign ausschließlich im TXT-Modus lässt sich mit dem Transkriptionssystem der *Wissenshermeneutischen Videoanalyse,* HaNoS (Reichertz, Englert 2010), vereinbaren. Sind Kategoriensysteme vorhanden, lassen sich diese, etwa im Sinne der *Qualitativen Inhaltsanalyse,* auf die einzelnen Spuren übertragen. Weitere Anwendungsbereiche liegen in Untersuchungen zur *filmstrukturellen Beschaffenheit* von Videos („filmscript', kulturvergleichende Studien, Medienanalysen, kommerzielle Werbewirkungsforschung und vieles mehr). Weitere Möglichkeiten sind innerhalb erster explorativer Forschungsdesigns etwa im Stil der *Grounded Theory Methodology* zu erwarten[79]. Weiterentwicklungen insbesondere im Zusammenhang mit der Transkription multimodaler Interaktion (z. B. im Rahmen einer Konversationsanalyse, einer Video-Interaktionsanalyse etc.) sind im Konzept der Feldpartitur dabei möglich und wünschenswert.

Die ersten Erfahrungen mit der Feldpartitur zeigen, dass die Transkription mit der Feldpartitur wegführt von der Transkription im Format einer Linie hin zu einer Transkription im Format eines Arbeitsblattes. In der Anlage ähnlich dem Arbeitsblatt einer Tabellenkalkulation (wie z. B. das ‚sheet' im Programm Excel) ist die in der Partitur fixierte zuweilen umfangreiche Datenlage aber die Voraussetzung für die Generierung begründeter, ausgewählter Ergebnisdarstellungen (z. B. von Schlüsselsequenzen). Berücksichtigt wird also bei der Transkription von Videos weniger die Dimension der Dauer (lange Sequenzen oder gar ganze Filme) als vielmehr die Dimension der Differenzierung innerhalb einzelner, ausgewählter Sequenzen. Diese Tendenz in der Arbeitsweise ist für Forschende zuweilen

---

[78] Wie etwa bei Przyborski, Hampel 2010.
[79] Unter www.feldpartitur.de/Anwendungsbeispiele werden Anwendungsbeispiele aus unterschiedlichen Forschungsbereichen aufgeführt. Unter www.feldpartitur.de/Kontakt finden sich Möglichkeiten, sich einer passwortgeschützten online-Arbeitsgruppe anzuschließen.

Transkription von Videodaten 65

ungewohnt, und erfordert in einigen Fällen die Ermutigung zur Exploration von Bedeutungsträgern insbesondere in den anfänglichen Phasen eines Forschungsprozesses (siehe Moritz 2008). Die durch mikroskopische Betrachtung einzelner Videokonstituenten einhergehende zeitweise Überfülle an Charakteren dient der sukzessiven Identifikation innerhalb einer allmählich prägnanter werdenden begrifflichen Differenzierung entlang der Forschungsergebnisse.

Die Notwendigkeit *Auswahl* und *Begrenzung* (Selektion) der Zeichen/Symbole ist dabei zum einen theoriebestimmt, und daher ein wesentlicher Aspekt der analytischen Arbeit. Zum anderen erfolgt im Laufe zunehmender Identifikation und Begriffsbildung der entdeckten Ereignisse Dichte und Klarheit im Erscheinungsbild der Partitur. Wiederholend sei an dieser Stelle die Unerlässlichkeit des Bezugssystems der verwendeten Symbole – sinnigerweise in Form einer Legende – erwähnt. Die Kriterien an eine funktionsmäßige Transkription zum Zweck der Kommunikation innerhalb einer Community wurden bereits an vorangehender Stelle (Textabschnitt 3.3.4.) erörtert.

3.3.6.1 Transkription gesprochener Sprache („transcript")

Im Modus *‚transcript' (TS)* wird gesprochene Sprache im Video erfasst. Sprechen lässt sich, wie die Tabelle 2 zeigt, im Video entweder als Sprechen der abgebildeten Akteure im ‚on-' und ‚off'-Modus[80], oder aber als nachträglich unterlegter Kommentar finden. Eine weitere besondere Textsorte im Video ist die Kategorie ‚Text im Video', also etwa die Abfilmung einer Texttafel oder die Einblendung von Schriftzügen ins laufende Bild. Transkribiert wird im Modus *transcript* mit den Zeichen der gewählten Buchstabenschrift (Lautschrift, alphabetische Schrift etc.) und den Symbolen entsprechend konventioneller Transkriptionsstandards (siehe überblickend Dittmar 2009). Weil die Unterschiede zwischen gesprochener Sprache und Schriftsprache sowie Basisinformationen zu den Standards (bei Deppermann 1999; Selting 1998) in fundierter Weise ausgeführt sind, erscheint eine vertiefende Erörterung der Thematik an dieser Stelle nicht notwendig[81]. Transcripts erhalten wie konventionelle Transkripte etwa des GAT2-Standarts neben der gesprochener Sprache auch prosodische Elemente wie Sprechpausen, Dehnungen, Hesitationsphänomene und Verzögerungen („äh"), Formulie-

---

[80] Vielfach wird in der Filmproduktion zwischen Sprechen im „on" und „off" unterschieden. Damit gemeint ist, ob die sprechende Person im Bildausschnitt abgebildet ist, oder sich z.B. während einer Schuss-und-Gegenschussmontage – hinter der Kamera befindet, also nur hör- nicht aber sichtbar ist. Weil die mikroprozessuale Transkription in der Feldpartitur diese Unterscheidung durch den Vergleich der Bild- und Sprechdaten explizit, ist eine Differenzierung in dieser Hinsicht meist nicht notwendig.
[81] Überblick über die bestehenden Transkriptionssysteme siehe: www.ids-mannheim.de.

rungskorrekturen, Wort- und Konstruktionsabbrüche, Interjektionen/Einwürfe, Rezeptionssignale („ja", „mhm"), Schweigephasen, Überlappungen und gleichzeitiges Sprechen, dialektale Lautungen; paralinguale Phänomene, z. B. Akzente, Stimmführung am Ende von Phrasen, Sprünge in der Tonhöhe, Änderungen in Lautstärke und Sprechgeschwindigkeit, Rhythmisierungen (siehe Schuette 2010). Es lassen sich weiterhin interessante Systeme zur Notation des Sprechausdrucks finden etwa HAN (Hermeneutisch-analytische Notation nach Gutenberg 1984), bei Erzählenden (Bose, Gutenberg 2007) oder zur Kadenzbildung in der Sprache etwa bei Winkler (1981).

In der Feldpartitur wird – anders als bei einigen gängigen Konventionen – der *Zeitaspekt* des Sprechens, also seine Prozessualität transkribiert, indem die Sprechaktivität einer feststehenden Zeitleiste zugeordnet wird. Die Anzahl untereinanderliegender Spuren im Modus ‚transcript' sowie die Länge der Zeilen ist rein theoretisch unbegrenzt. Grenzen werden gesetzt durch die Handhabbarkeit des fortlaufenden Formates, der Schnelligkeit der Internetverbindung der AnwenderInnen sowie den technischen Möglichkeiten der derzeit sich rasant weiterentwickelnden Speichertechnologie im Zusammenhang mit dem Cloud-Computing.

	00:00:35.6	00:00:36.0	00:00:36.4	00:00:36.8	00:00:37.2	00:00:37.6	00:00:38.0	00:00:38.4
TS: mKH spricht	Der Hund braucht da 'n Kinderfahrschein □.						(f) Beförderungsbedingungen!	
TS: wFsU spricht				Ja, und wo steht das?				

Abbildung 4   Einfaches Text-Transcript ohne Sonderzeichen

Die Transkription des Sprechens in der Feldpartitur lässt sich darüber hinaus multikodal gestalten. Sprechen als Gegenwartshandlung zeigt – wie Gesang, Film oder Musik, aber anders als geschriebener Text – in seinen paralingualen Elementen der Tonhöhe, der Lautstärke, der dynamischen Veränderung, der Klangfarbenveränderung und des veränderlichen Obertonreichtums der Sprechstimme innerhalb eines gegenwärtigen Geschehens eine gleichermaßen simultane Erscheinung, weshalb das Sprechen in seiner „Polyphonie" (Bakhtin et al. 2010) bereits thematisiert wurde. Von besonderer Bedeutung ist aber gerade multimodal relevantes Verhalten während Sprech*pausen*. Das *„beredte Schweigen"* und die *„schreiende Stille"* sowie die Zeichen zur Transkription der nonverbalen Kommunikation (zeichenhaft, nichtzeichenhaft) werden aber erst im Textabschnitt ‚codescript' (siehe Textabschnitt 3.3.6.3.) ausgeführt.

Sprechen kann neben der Erfassung im Editiermodus TS durch kodifizierende Erfassung, also durch Textcodes (Sprechen, Sprechpause) oder visuelle Symbole kodiert werden. Dies etwa in jenen Fällen, wo weniger der gesprochene Verbalinhalt als vielmehr die Eigenschaft der Sprechhandlung oder deren Auftretenshäufigkeit (zum Beispiel bei einer Untersuchung von Gruppeninteraktionsfolgen) von Relevanz ist.

3.3.6.2 Notation in der Feldpartitur („notescript")

Die Feldpartitur erlaubt im Modus „*notescript*" die Einbindung notationaler Systeme. Notiert werden können mit der Feldpartitur Ereignisebenen im Video, welche in der kulturellen Praxis der wirklichen Welt über ein Notationssystem verfügen. Das sind zum Beispiel die Musik, der Tanz (Labanotation), die Gehörlosensprache, die Gesichtsmimik, Handgestik und vieles mehr.

In der aktuellen Version der Feldpartitur-Software wird ein erstes Zeichensystem ‚Filmsprache' technisch umgesetzt. Bei diesen Symbolen handelt es sich um eine Erstellung von Symbolen auf der Basis umfangreicher Literaturrecherche. Darüberhinaus existiert ein erstes Set Symbole ‚Ausdruck', welches der Musiknotation entnommen ist. Die Einbindung weiterer Notationssysteme durch weitere Anwendungsbereiche (etwa zur Transkription der Mimik, Gestik, Proxemik etc.) ist das erklärte Ziel des Systems, denn eine sukzessive Weiterentwicklung der Transkriptionskonventionen mit der Feldpartitur soll erreicht werden.

Die Transkription im Modus notescript ist – wie bei der Transkription der Sprechhandlung oder bei der Transkription einer videobasierten Verhaltensbeobachtung – ein umgekehrter Vorgang des ursprünglichen Verwendungszweckes einer Notation: Nicht wird ein Werk/Text mithilfe der Noten zum Zweck einer Kommunikation (z. B. der Aufführung) verschriftet[82], sondern umgekehrt wird ein gegenwärtiges Ereignis der Alltagswelt (eine Filmsequenz, erklingende Musik des übenden Kindes) übertragen in die entsprechende fixierende Notenschrift[83]. Die Differenzen zwischen der Notation eines gegenwärtigen Ereignisses (z. B.

---

[82] Das lat. componere (= zusammensetzen) deutet auf die Funktion des Notationssystems, hier am Beispiel abendländischer Musik: Die „Zusammensetzung" der einzelnen Marken (bis zur Mitte des 20. Jh. Tonhöhen und -dauern) und ein vereinbartes Regelwerk begünstigt nicht nur das Schaffen und Konstruieren neuer Musikformen, sondern ermöglicht die Kommunizierbarkeit eines Werkes und dessen Aufführung durch unterschiedliche InterpretInnen. Zu den Spielräumen innerhalb der Improvisation unterschiedlicher Musikstile auf der Basis meist repräsentational vermittelter Impro-Patterns kann aus Gründen des Umfangs ebenso wenig eingegangen werden wie auf die in der Popularmusik vielfach praktizierte auditive Lehrpraxis, die ohne Notenschrift auskommt.

[83] Die Fähigkeit, klingende Musik in Noten zu übersetzen ist auch dann nicht gegeben, wenn MusikerInnen über die Fähigkeit verfügen, Noten prima vista in klingende Musik zu übersetzen. Die Fähigkeit, Noten zu schreiben, muss wie das Lesen und Schreiben des Sprechens und der Buchstabenschrift unabhängig voneinander, also etwa durch Spielen UND durch Notendiktate, systematisch und vor allem langfristig erlernt werden. Hierzu zählt demnach nicht nur das auditive Unterscheidungsvermögen des klingenden Ereignisses in Einzelelemente (z. B. Erkennen der Instrumentation, Tonlage, der rhythmischen Gestalt etc.), sondern auch die Kenntnis der musikorthografischen Regeln, die – ähnlich wie im Regelsystem geschriebener Sprache – nicht immer einheitlich sind.

erklingender Musik) mit der jeweiligen Notenschrift (Musiknoten) ist dabei aber ähnlich different und schwierig, wie das bei der Transkription gesprochener Sprache mit der Schreibschrift der Fall ist, und erfordert daher grundlegende wissenschaftliche Arbeit.

Sowohl die Analyse wie auch die Verschriftung eines wahrgenommenen Ereignisses in einer existierenden Notenschrift ist ein hoch-fachspezifischer Vorgang und dürfte in den meisten Fällen nur dann dem Qualifikationsprofil der Forschenden entsprechen, wenn diese der jeweiligen Berufsgruppe (z. B. MusikerInnen, TänzerInnen, FilmproduzentInnen) angehören.

Vice versa ist das Lesen der Notations-Partituren für Zielgruppen außerhalb des eigenen Faches nicht voraussetzungslos gegeben, weshalb das Kriterium der Lesbarkeit einer Transkription nicht immer oder nur schwer zu erfüllen ist.

Schließlich: der Notationsaufwand von Ereignissen mithilfe von Notationszeichen ist aufgrund des hohen Differenzierungsgrades, den Notationen aufweisen, für den geplanten Zweck in den meisten Fällen unverhältnismäßig hoch, und daher nur dort angemessen, wo das Ereignis (z. B. Musik oder Musizieren) auch zentraler Gegenstand der Untersuchung ist (so etwa im Einzelfallbeispiel Moritz aus dem Klavierunterricht, Teil II).

Filmsprache: In der Filmwissenschaft (Filmproduktion) konnte sich – anders als bei der Notation der Sprache oder der Musik oder des Tanzes – bislang kein einheitliches Verfahren zur Notation durchsetzen. Es existieren vereinzelte Ansätze der Notierung[84], die meist zum Zweck der Filmproduktion eingesetzt werden (Drehbuch, das Storyboard, Moodbard etc.)

In der Feldpartitur werden Zeichen zur Transkription von filmstrukturellen Konstituenten im Film angeboten. Das Zeichensetting wurde entwickelt im Zusammenhang mit dem Projekt „Feldpartitur" und insbesondere in der Zusammenarbeit mit meiner Kollegin Regine Hilt (2011) und befindet sich – wie alle Zeichen und Funktionsweisen des Konzepts Feldpartitur – aufgrund des dialogisch angelegten Firmendesigns in der permanenten Weiterentwicklung mit den Forschenden.

---

[84] Einführend auf für ForscherInnen aus der Medienpädagogik (Niesyto 2003, 2006, Frankhauser 2009; Steinmetz 2006; Renggli 2007 Kamp, Rüsel 1998); zum Thema Einstellung Katz 2010, systematisch siehe bereits zitiert AutorInnen Arnheim, Barthes, Benjamin, Bordwell, Thompson, Eisenstein, Faulstich, zur Filmgeschichte Korte, Kracauer, Metz, Opl, Wuss. Joost entwickelt ein Setting an Zeichen zur Analyse der Makrostrukturen eines Films unter dem Blickwinkel rhetorischer Mittel.

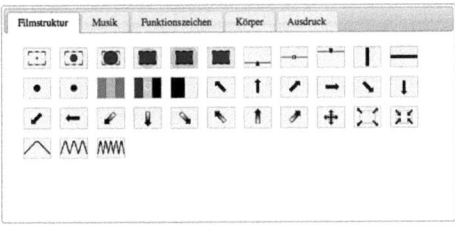

Abbildung 5   Icon-Bibliothek Reiter „Filmsprache". Die Symbole sind das Ergebnis einer Auseinandersetzung mit Symbolen der Filmsprache(Moritz, Hilt 2010).

Bei der Transkription von filmstrukturellen Konstituenten ist die Wechselbeziehung zwischen Ausdrucksmitteln und der erzielten ästhetischen Funktion im Zusammenhang wirkungsorientierter Ansätze von Bedeutung bei der Analyse des Videos. Insbesondere die Montage als „Königsdisziplin" zur Erzeugung filmischer Vorstellungswelt ist von Bedeutung bei der Analyse des vorliegenden Datenmaterials: *„Von allen technischen Verfahrensweisen des Films ist der Schnitt oder die Montage die allgemeinste und zugleich unerlässlichste. Sie dient dazu, die einzelnen Aufnahmen zu einer sinnvollen Kontinuität zu vereinigen (...)" (Kracauer 1993, S. 55).*

Wie bereits oben in den Textabschnitten 1 und 3.1 ausführlich erwähnt, ist die Interpretation oder Analyse filmstruktureller Eigenschaften des vorliegenden Videos nicht nur für die klassische Werkanalyse von Bedeutung, sondern sie lassen wichtige Rückschlüsse auf den „subjektiven Standort" der Forschenden oder – falls Feldpersonen selbst Videos erstellen – der Erforschten zu.

Musik: Eine weitere Subkategorie im Editiermodus notescript ist die Notation von Musik mithilfe musikalischer Notenzeichen. Die Komponente der Musik im Video – und auch des Geräusches – sind m. E. bislang in der Qualitativen Sozialforschung unberechtigterweise vernachlässigte Konstituenten im Video. Sie sind nicht nur wesentliche dramaturgische Instrumente im kommerziellen oder künstlich produzierten Film[85], sondern auch bei der Erfassung paralingualer Sprachpartikel oder dem Singen der Akteure außerhalb professioneller Musizierpraxis von Bedeutung. Ähnlich wie bei der Transkription gesprochener Sprache können je nach Forschungsanliegen bei der Transkription von Musik/Musizieren Dehnungen, Verzögerungen, Bewegungskorrekturen, Konstruktionsabbrüche, Fehlerspiel, Interjektionen, Überlappungen, gleichzeitiges Spielen, Änderungen

---

[85] Siehe die Ausführungen zum sonic space (akustischer Raum) bei Bordwell 1985, S. 117.

in Lautstärke, Tonfarbe, Spielgeschwindigkeit und unterschiedlicher Rhythmisierungen etc. Bedeutung erhalten.

Musikalische Video-Komponenten können durch konventionelle Musiknotationszeichen (z. B. der abendländischen Musik) also präzise notiert werden[86]. Der Markt bietet ausgereifte Softwaren zur Musiknotation an[87], die zur Transkription eingesetzt werden können (Abbildungen siehe Einzelfallbeispiel Textabschnitt II/1.). Wie alle Ereignisse im Video steht die Möglichkeit der Verbalumschreibung oder die Erfassung durch Kodifizierung, etwa durch Textcodes (Musik oder Geräusch) durch visuelle Kodes (kleine Piktogramme ♪) an, die in vielen Fällen ausreichend erscheinen.

Neben Notenzeichen zur Tonhöhe verfügt Notenschrift über ein konventionalisiertes Setting an Symbolen für den *Ausdrucksgehalt;* konsequenterweise wird in einigen Transkriptionsstandards die Notation des Ausdrucksgehaltes der Sprache, ihrer „musikalischen" Komponenten also, zu Nutze gemacht, etwa in der Transkription der Lautstärke *(f)*, Betonung (sfz), Stimmhöhenveränderungen, Sprech-Beschleunigung und -verlangsamung (accel., ritard.), Pausenzeichen etc. (siehe Selting 2009, S. 382 ff). Diese Zeichen lassen sich in der Feldpartitur-Software in einer eigenen notescript-Zeile notieren (Reiterkarte „Ausdruck").

Zur Erfassung von Geräusch siehe bitte Kategorie Codescript, Textabschnitt 3.3.6.2.

Bewegung: Eine ausgereifte *Notation* zur Akteurs-Bewegung ist die Laban-Notation (auch „Labanotation"). In dieser Schriftsprache werden alle Bewegungen des Tänzers in jedem einzelnen Körpergelenk sowie deren Anmutungsqualitäten ähnlich differenziert notiert wie in der Musiknotation. In der Betaversion der Feldpartitur-Software werden erste Richtungspfeile zur Transkription von Richtungen im Video (Kamerabewegung, Objektbewegung) umgesetzt.

3.3.6.3 Interpretierende Kodifizierung („codescript")

Neben den durch transcript und notescript zu erfassenden Konstituenten eines Videos sind für Forschende weitere Informationen im Video von Bedeutung, die durch die Vorgänge der *Interpretation und Deutung* erschlossen werden. Diese in-

---

[86] Anmerkung: In der Musikwissenschaft und musikalischen Praxis bedeutet Transkription das Umschreiben von z. B. einer Musiknotationsweise (Generalbaß) in eine andere (Ausschreibung der Einzeltöne im Fünfliniensystem), oder von einer Besetzung (Streichquartett) in eine andere (Chorsatz).
[87] Softwaren zum Schreiben klassischer Orchesterpartituren sind professionelle und semiprofessionelle Programme wie Finale, Sibelius oder Capella. Funktionsfähige open-source-Produkte aus dem Internet sind z. B. die Programme Oktava, LiliPond, Musica, MagicScore, Anvil, u. v. a. Elektronische Musik Cubase, Protools u. a.

terpretierende Kodifizierung von Ereignissen lässt sich im System einer Feldpartitur durch die entsprechende Vergabe von Kodes in einem eigenen Editiermodus ‚codescript' durchführen. Während die Editiermodi transcript und notescript der Transkriptionstradition entstammen, schließt der Modus codescript an das umfassende Gebiet der Videoanalyse an. Anders als in anderen Videoanalysesystemen erfolgt die Kodierung mit einer Feldpartitur aber im *allerengsten Wechselbezug* mit den transkribierten materialinhärenten Strukturkomponenten eines Videos. Die Arbeitsweise bei der Kodierung von Videos ist von der Arbeitsweise der Transkription der Strukturkomponenten im Modus transcript und notescript *kategorial* zu unterscheiden, wie im Folgenden ausgeführt werden soll. Wichtig für Forschende ist, dass sie beim Kodieren von Videomaterial im Gegensatz zur Transkription im Modus transcript oder notescript nicht auf vorgegebene oder gar konventionalisierte Schemata zurückgreifen können, sondern sich vielmehr in einen Zustand der *„prä- oder nonverbalen Sinnenwelt"* (Boehm 2006, 1996) begeben, die reflexiv und sukzessive zu erschließen ist (siehe Textabschnitt I/3.2.). Die analytische Arbeit am und mit dem Video eröffnet Forschenden demnach eine Eigenart des durch Video Vermittelten: der Diskursivität des Symbolsystems der Sprache steht die semantische Unbestimmtheit oder gar ‚Irrationalität' des Zeichen- und Symbolsystems des Bildes und des Videos gegenüber (Bohnsack 2009).

Die Vergabe von Kodes begrenzt sich, anders als bei der Transkription im Modus transcript und notescript, nicht auf die durch die einzelne Partitur-Rasterzelle abgegrenzte Analyseeinheit, sondern Kodes werden für rasterübergreifende Einheiten, für *Sinneinheiten* vergeben, die sich, zunächst einmal strukturell betrachtet, überlappen, an unterschiedlichen Stellen innerhalb eines Videos konstituieren, wiederholen, dabei variieren oder inhaltlich widersprechen können. Rein technisch liegt angesichts der Verfügbarkeit von Zeichen und Symbolen im Internet keine Begrenzung an Subskriptionszeichen vor (auf die Kriterien an eine Funktionsfähigkeit der Partitur sei an dieser Stelle erneut hingewiesen). Es können unterschiedliche Kode-Typen in einer Feldpartitur integriert werden.

- Semantologische Codes wie Wortschrift oder Logogramm (z. B. ideogrammatische oder semantografische)
- Arabische Ziffern (1, 2, 3, ...)
- Ikonologische und visuelle Kodes (Verkehrszeichen, Piktogramme)
- Ausdrucksbezeichnungen (laut, leise, dolce)
- Diagrammatische Kodes (Balken zur Angabe von Dauern)
- Grafische Kodes (Tonhöhenunterschiede der Sprechstimme durch auf- und absteigende Linien)
- Mathematische Symbole (+)
- und viele andere

Welche Kodes für die Kodierung von Videoereignissen ausgewählt werden, orientiert sich in erster Linie an der Forschungsfrage. In zweiter Linie am Konventionalitätsgrad innerhalb des eigenen Fachs und innerhalb des eigenen Forschungsparadigmas. Die Begrenzung der Kodes erfolgt innerhalb der technischen Voraussetzungen, über welche Forschende verfügen und anhand der bereits genannten Kriterien an eine funktionsmäßige Transkription. Erneut erwähnt sei an dieser Stelle, dass verwendete Kodes ebenso wie Symbole im Modus notescript einen definierten Bezugsrahmen in einer Legende erfordern.

Ausdruck: Eine wichtige Konstituente, welche in allen genannten Video-Kategorien Forschenden begegnet, sind *Ausdruckskomponenten* im Film. Mit der Bezeichnung ‚Ausdruck' wird in der vorliegenden Arbeit (entgegen der Verwendung des Begriffs in Linguistik, Logik oder Mathematik) der nonverbale menschliche Ausdruck (Gestik, Mimik, Körpersprache) und der ästhetische Ausdruck im Video (musikalischer, bildhafter, tänzerischer, filmischer … Ausdruck) angesprochen. Während der Begriff der Repräsentation in der vorliegenden Arbeit für die Exemplifikation mittels bildhafter Darstellungsmittel Anwendung gefunden hat, lässt sich der Begriff des Ausdruckes darüber hinausgehend demnach auf den künstlerisch und eben gefühlhaft vermittelten Gehalt im Video anwenden.

Wie Goodman überzeugend dargelegt hat (2007, S. 53–57), lässt sich ein Ausdruck nicht allein durch das Prinzip der Ähnlichkeit und der Nachahmung (Platonsche Mimesis) und keinesfalls durch das Prinzip des Erweckens von Emotionen definieren[88]: *„Dass jemand Trauer zum Ausdruck bringt, kann bedeuten, dass er das Gefühl der Trauer ausdrückt, oder dass er zum Ausdruck bringt, dass er dieses Gefühl hat. Das verwirrt die Sache, denn offenkundig kann jemand Trauer ausdrücken, die er weder hat noch zu haben behauptet, beziehungsweise er kann ein Gefühl haben oder zu haben behaupten, das nicht zum Ausdruck bringt."* *(Goodman, Philippi 2007, S. 53)*

Ausdruck wird bestimmt durch drei Faktoren: Elemente des (a) *Inhaltes* (das „Was", z. B. die auf bildhafter Ebene im Modus transcript/notescript erfassten Gegenstände oder Akteure, oder auch das Was der auditiven Elemente eines Motorengeräusches etc.) werden durch die spezifischen (b) *Eigenschaften,* die diese Inhalt(e) besitzen (also das „wie" z. B. die schrille Betonung einer Tonsilbe durch die Sängerin, die ins Dunkle gesetzten Lichteffekte einer Gestalt im Kriminal-

---

[88] Zwischen der Exemplifikation eines Ausdrucks im Film und der Wahrnehmung einer Resonanz bei den Betrachtenden muss unterschieden werden. Selten entspricht – z.B. auf der Ebene des Gefühls – der Ausdruck auch einem Eindruck. So etwa evoziert die visuelle Darstellung von Hass und Grausamkeit in einem Krimi selten bei Betrachtenden ebenfalls Hass und Grausamkeit, sondern eher Abneigung oder Furcht. Die im Video sich dokumentarisch abbildende Wut einer Lehrkraft auf einen Klavierschüler, der seine Etüden zum wiederholten Mal nicht geübt hat, erweckt im Betrachtenden des Videos nicht ebenfalls Wut auf den Schüler, sondern eher Mitgefühl, Verachtung oder Abneigung mit einem der Beteiligten im Video.

film oder die kontrastierenden Konstellationskomponenten eines planimetrisch durchkomponierten Raumes) sowie schließlich durch einen (c) *gefühlsmäßigen* Eindruck (also z. B. ausgelassen, erregt, angespannt, traurig....) dargestellt – und somit auf diese Weise zum Ausdruck gebracht. Angesprochen werden in diesem Zusammenhang die durch *„körpergebundene Kommunikationszeichen" (Sachs-Hombach 2003, S. 122)* vermittelten ästhetischen Komponenten[89] im Video. Das Forschen mit dem Video erfordert daher neben den Prozessen des Transkribierens im transcript- und notescript-Modus nicht zuletzt die Fähigkeit zu einer Nach-Empfindung (mimesis) des im Video audiovisuell dargestellten gefühlhaften Eindruckes mittels subjektiver Resonanz (Moritz 2010, S. 123 ff). Das Medium Video knüpft, anders formuliert, an das *Erleben* der jeweiligen Betrachtenden, der KonsumentInnen oder – im vorliegenden Fall: der Forschenden – an. Wie bedeutsam die Ausdrucksebene gerade im Medium Video ist, lässt sich daran erkennen, dass der Ausdruck im Video in der Kraft seiner Expressivität denjenigen, der treu mittels dokumentarischer Wirklichkeitsreproduktion erwirkt wurde, bei weitem übersteigen kann (siehe Textabschnitt 3.1. und 3.2.).

Analoge Kommunikation: Eine weitere, wichtige Kategorie im Video sind analoge Kommunikationsmodi oder deren Teilgebiete (dazu gehören unter anderem die Mimik, Lokomotorik, Proxemik[90] u. a.). Diese sind weder durch Zahlen, noch durch Semantik und Syntax definierte Einheiten, sondern sie bedienen sich Formen der *Darstellung*. Analoge Formen der Darstellung finden Anwendung z. B. in der Messtechnik, wenn ein analoger Druckmesser auf einem kreisförmigen Anzeiger in kontinuierlicher Bewegung die Veränderungen eines Gewichts anzeigt. Sofern keine Ziffern angegeben sind, können auch keine Zahlen abgelesen werden, sondern der Analogmesser zeigt die *Tendenzen* der Veränderung innerhalb eines gesetzten Verhältnisses (hier: der visuell zu überblickende Umfang des Messgeräts). *Tonhöhenschwankungen einer Sprechstimme* können analog (z. B. durch Abhören) transkribiert werden, indem etwa die Tonhöhe einer durch Linien begrenzte y-Achse, der Faktor Dauer einer y-Achse zugeordnet wird (siehe etwa im Transkriptionsstandart GAT2, Selting et al. 2009). Die entstehenden „Wellenbewegungen" visualisieren die Schwankungen einer Stimmhöhe auf eine andere Weise, als physiologische Messwerte der Stimmhöhe diese visualisieren würden. Analoge Transkriptionszeichen kennzeichnen sich durch syntaktische und semantische Undifferenziertheit. Sie veranschaulichen (visualisieren) jedoch Verhältnisse einer Begebenheit, zeigen deren kontinuierliche Veränderung an und liefern einen Überblick über eine Dauer.

Auch in der *nonverbalen Kommunikation* hat sich der Begriff der analogen Modalität (ursprünglich in der Verhaltensforschung und Kommunikationspsy-

---

[89] Siehe hierzu grundlegend Seel 2008.
[90] Nonverbalen Signale zur physischen Distanzhaltung in der Interaktion zwischen Menschen.

chologie nach Tinbergen 1955; Lorenz 1947; Bateson 1955) durchgesetzt. Dieser wird definiert als nicht denotativer Kommunikationsmodus, der nichtzeichenhaft auf ein Ding außerhalb seiner selbst verweist. Dies kann zum Beispiel durch den Modus der menschlichen (oder tierischen) Ausdrucksbewegung geschehen, wie es Mimik (Ekman 1969), Gestik (Flusser 1949; Kendon 2005), Körperhaltung (Fast 1970) oder auch die Darbietung einer kommunikativen Gesamthandlung (Moritz 2010) innerhalb einer sozialen Situation sind.

Analoge Kommunikationsentitäten liefern Forschenden Informationen, die *ad hoc* und – anders als das Wort, der Text oder das Zeichen – zwar auf der Basis der Zugehörigkeit zu einem ähnlichen kulturellen Milieu, jedoch *ohne* explizites kulturelles Kontextwissen im alltäglichen Leben gedeutet und verstanden werden[91]. Dies kann ein Textzitat oder ein ausgewähltes, typisches Symbol für eine gesellschaftliche Situation sein, wie z. B. das hintergründige Abspielen einer „Übe-Tonleiter" im Film, um das „Milieu einer Musikhochschule" zu charakterisieren. Analoge Kommunikation wird in einer Gesellschaft aus diesem Grund ganz unabhängig von der Sprache bzw. Sprachfähigkeit eines Menschen praktiziert: *„Kindern, Narren und Tieren wird ja seit Alters eine besondere Intuition für die Aufrichtigkeit oder Falschheit menschlicher Haltungen zugeschrieben; denn es ist leicht, etwas mit Worten zu beteuern, aber schwer, eine Unaufrichtigkeit auch analogisch glaubhaft zu kommunizieren." (Watzlawick et al. 2007, S. 64).*

Die darstellenden nichtsprachlichen Künste – Tanz, Bildende Kunst, Musik und eben der Film – nutzen ebenfalls analoge Kommunikationsmodi. Als ‚lingua universalis'[92] bezeichnen KünstlerInnen die Kommunikationscodes, die auf den „angeborenen" Verstehenskomplexen beruhen. Wiederholend sei auf die bereits mehrfach zitierten Autoren Seel, Goodman, Posner und Hess-Lüttich verwiesen, die die Prinzipien der Verständigung in den unterschiedlichen „Sprachen der Kunst" beleuchten, und dabei auch die Effekte der Synergie und Synästhetik in einer die Grenzen zwischen den Kunstsprachen immer stärker durchdringenden Gesellschaft zu erfassen versuchen. Aus dem Bereich der vorliegenden Zielgruppe beschäftigt sich insbesondere Sachs-Hombach mit den „ursprünglichen Kommunikationsformen", und definiert, dass diese *„auf denselben fundamentalen Kompetenzen aufzubauen scheinen, die bereits der unmittelbare Lebensvollzug voraussetzt" (Sachs-Hombach 2003, S. 124).* Körpernahe Kommunikation sei angelehnt an physiologische Komponenten, die dementsprechend bei allen Menschen gleich sind. So können etwa, um nur ein einziges Beispiel aus der potentiell unendlichen Fülle der Ausdrucksmöglichkeiten zu bieten, *„schnelle und im pizzicato hart gezupfte Töne"* kaum *„innere Ruhe"* zum Ausdruck bringen.

---

[91] Siehe hierzu die Ausführungen zum „stumpfen und entgegenkommenden Sinn" bei Barthes 1990 [1980] oder zum „verborgenen Sinn" bei Bohnsack 2009, 251.
[92] Siehe in der Musik Kopiez 2004; Seel 2008, in der Kunstgeschichte Bätschmann 2009, in der Bildinterpretation Doelker 2001, im Tanz Laban 1995.

Zusammenfassend lässt sich sagen: Die *Kodierung* der Ereignisse in einem Video ist in der Feldpartitur aufs Engste mit dem strukturell Gegebenen im Video verknüpft. In der Feldpartitur werden also auf der einen Seite durchaus Objekte, Bildmotive, Texte etc. vorläufig identifiziert, bei diesem Vorgang aber aufgrund der polysemen Anlage grundsätzlich Zweifel angelegt: *„andererseits soll eine unbewusste, vorschnelle Identifizierung (kolonialisierender Blick)"* (Marotzki, Stoetzer 2006, S. 18). Der permanente Rückbezug bei der Kodierung auf die Strukturebenen des Videos hilft, diese vorschnelle Zuschreibung zu vermeiden. Kodierung (nicht nur) von Videodaten hat sich im Bereich der qualitativen Sozialforschung im Rahmen unterschiedlicher Interpretationsgemeinschaften (Moritz 2009) als methodisch kontrollierte Vorgehensweise bewährt, denn die gemeinsame Interpretation eines Videos ermöglicht eine Reflexion und Infragestellung der eigenen Wahrnehmung, nicht zuletzt die Perspektiventriangulation, welche durch Eintragungen im Modus TXT mit erfasst werden kann. Mit Marotzki lässt sich bei der Kodierung von Videodaten sagen*„Worum es letztlich geht, so könnte man sagen – ein reflektierendes Identifizieren." (Marotzki, Stoetzer 2006, S. 18).*

3.3.6.4 Frame-by-frame-Analyse

Wie in Textabschnitt 2.2 und 3.3.2 erwähnt, wenden Forschende häufig die Methode der Aneinanderreihung von Einzelbildern an, um den repräsentationalen Gehalt im Video zu kommunizieren. Dies geschieht sinnigerweise dort, wo visuelle Komponenten von Bedeutung sind. Im Folgenden werden einige Bereiche ausgeführt (ein Anspruch auf Vollständigkeit besteht auch an dieser Stelle nicht), in denen frame-by-frame-Analysen angewandt werden.

Notation des Raumes (mise en scene): Raum wird durch perspektivische Abfilmung oder Inszenierung der Welt oder als virtuelle, simulierte Welt (,cyber space') im Video dargeboten[93]. Der weitverbreitete und der Theaterarbeit entlehnte Ausdruck ,mise en scene' umfasst nicht nur die abgebildeten Personen, Gegenstände und Artefakte, sondern auch die „Stimmung" (etwa die historische Nachbildung einer vergangenen Epoche), das „Klima" oder die „Atmosphäre" (etwa während einer Pflegesituation im Krankenhaus) und „Farbkompositionen" (etwa bei der Innengestaltung einer Szene im Spielfilm) eines Raumes, der im Video zu einer spezifischen Szene komponiert wird (oder sich im Alltag inszeniert).

---

[93] Bordwell (1985, S. 117) unterscheidet drei Ebenen des filmischen Raums: „shot space" (fotografierter Raum), „editing space" (durch Montage und Einstellungswechsel der Kamera entstehender Raum) sowie den bereits erwähnten „sonic space" (akustischer Raum). Alle drei zusammen bilden den „szenografischen Raum". Metz spricht von einem „narrativen" (1972), Hieckethier von einem „diegetischen Raum" (2001) – siehe auch die Ausführungen oben in Textabschnitt 3.1.

Rauminszenierungen nehmen im kommerziell produzierten Film viel Raum ein, und werden aufwendig mithilfe von Story-Boards (siehe z. B. Katz 2010) oder Mood-Boards konzipiert.

Zur Erfassung des videografierten Raumes werden in den bisherigen Anwendungen der Feldpartitur Fotogramme (stills, frames, moves, teakes etc.) oder – aus Gründen der Anonymität – ersatzweise vektorisierte Grafiken eingesetzt, die die videografische Abbildung auf relevante Ereignisse reduzieren, und diese zum Zweck der Publikation lediglich ausschnitthaft wiedergeben (z. B. die Körperhaltung von Personen). Vielfach werden Einzelbilder oder Grafiken zum Zweck der Analyse in neun Bereiche unterteilt und anschließend mit geeignet erscheinenden Bild- Interpretationsmethoden interpretiert (etwa der planimetrischen Bildinterpretationen nach Raab 2010, Konstellationsanalysen Nolda 2007 u. v. a.)

Objekt/Akteurbewegung, Kamerabewegung: Videos bilden im Gegensatz zur Fotografie den Aspekt der *Bewegung* ab. Der Aspekt der Bewegung ist ein rein visueller Aspekt, und er wurde in der Literatur, wie bereits oben beschrieben, im Zusammenhang mit dem Datentypus Video als von zentraler Bedeutung beschrieben: *„Aber innerhalb ihrer gibt es bestimmte Objekte, die man ‚filmisch' nennen kann, weil sie eine besondere Anziehungskraft auf das Medium auszuüben scheinen. (...) Bewegung (...) Verfolgungsjagden (...) Tanz (...) Entstehende Bewegung (...)"* (Kracauer 1993, S. 71–72).

Bewegung, und nicht nur diese oder jene einzelne ausgewählte Phase der Bewegung, ist das Hauptmerkmal, welches das Video von der Fotografie unterscheidet. Die Erfassung der Objektbewegung, erst recht die Erfassung der Körperbewegung ist die wohl komplexeste Konstituente im Video. Diese Annäherung an die Rekonstruktion von Bewegungsprozessen in der Qualitativen Sozialforschung – insbesondere die Untersuchung von Handgesten oder anderen interaktionalen Körperbewegungen – lässt sich historisch in der Filmwissenschaft schon früh als „Drehbuch", „Storyboard" oder „Moodboard" (Festhalten von „Stimmungen" oder „Anmutungsqualitäten") finden. In der bisherigen Forschungspraxis wird der Aspekt der Bewegung im Zusammenhang mit dessen Linearisierung im frame-by-frame-Verfahren durch Aneinanderreihung von Einzelbildern durchgeführt, die in digital festgelegten Zeitabschnitten (z. B. Sekundenschritten) manuell oder computerunterstützt (Software Feldpartitur) extrahiert wurden. Auf diese Weise, so die Hoffnung, lässt sich die piktorale Syntax des Videogeschehens offenlegen. Diese Form der Arbeit überträgt die Fließbewegung des im Video abgebildeten in der Eigenschaft bruchloser Kontinuität in ein digitales Zeitraster (z. B. Sekundenraster) mit dem Zweck, den ikonologischen Bildgehalt laufender Bewegtbilder zu fixieren und in der Folge schrittweise – entsprechend der zugrunde gelegten Bildinterpretationsmethode – in ihrer Aufeinanderfolge zu interpretieren oder zu analysieren. Bereits oben (siehe Textabschnitt 2.2. und 3.2.) wurde dieser Aspekt kritisch vor allem hinsichtlich des Aspekts der Bewegung im Video beleuchtet. Objektbewegung kann zusätzlich zur frame-by-frame-Analyse durch ein erstes Set an Richtungspfeilen (schematische Darstellung der 12 Bewegungsrichtungen im dreidimensionalen Raum) grob skizziert werden, hier etwa ein Pfeil „Bewegung nach rechts" ⟶ und ein Pfeil „Bewegung nach oben rechts" ↗.

Die *Kamerabewegung* ist die zweite Bewegungskategorie im Video. Ausgefeilte Techniken (Kamerafahrten) simulieren subjektive Bewegungen („subjektive Kamera", „Kamera als Akteur"), die die Zuschauenden zu vollziehen aufgefordert sind. Auch die Kamerabewegung kann zusätzlich zur frame-by-frame-Analyse durch das Set an Richtungspfeilen (schematische Darstellung der 12 Bewegungsrichtungen im dreidimensionalen Raum) grob skizziert werden, indem die Zeile die Bezeichnung „Kamerabewegung" erhält.

Auditive Konstituenten: Abschließend sei erwähnt, dass nicht nur Einzelbilder, sondern auch auditive Konstituenten im Video repräsentational erfasst werden können. Die ‚Geräuschkulisse' eines Videos (seine „Atmo"), welche entweder vor Ort audiografisch aufgezeichnet, oder aber im Studio postproduktiv unterlegt wird, lässt sich durch das Abspielen der originären Audiospur, aber natürlich auch symbolisch oder mithilfe Notation/grafischer Notationsschemata[94] erfassen.

3.3.6.5 Verbalumschreibung

Zuletzt soll der Vollständigkeit halber auf die vielfach praktizierte Verbalumschreibung von Handlung im Video zurückgegriffen werden. Dieser Aspekt wurde innerhalb vorfindlicher Literatur und anhand eines kurzen Einzelbeispiels aus der Literatur bereits erläutert in Textabschnitt I./2.2. Erfasst werden können auf diese Weise in der Feldpartitur die *Handlung* und die *Situation* des im Video abgebildeten. Wie bereits oben ausgeführt, lässt sich aufgrund der kulturellen Vertrautheit der Forschenden mit spezifischen Szenerien – ‚Party', ‚Pflegesituation im Krankenhaus', ‚Kontrolleure in der Straßenbahn', ‚Klavierunterricht' – in vielen Fällen eindeutig zuschreiben. Bei diesem Prozess der Zuschreibung von Bedeutung einer Situation oder einer Handlung wird jedoch implizites Handlungswissen und explizites kulturelles Wissen der Forschenden gefordert.

---

[94] In der Neuen Musik wird etwa seit Mitte des 20. Jh mit einer Vielzahl Notationsschemata experimentiert, um dem Bedarf nach Notation der zeitgenössischer Musik gerecht zu werden, siehe einführend etwa Karkoschka 1991.

4 Entwicklungsstand

Um Forschenden die multikodale Transkription von Videodaten zu ermöglichen, wurde ein „all-inclusive"-Softwaresystem speziell für diese Zielgruppe entwickelt[95]. Das System ist in der Betaversion seit Juni 2011 erhältlich. Es vereint die in Textabschnitt 2. genannten Transkriptionsweisen der Forschungspraxis durch technische Umsetzung in die fünf verschiedenen Editor-Modi (frame-by-frame, transcript, notescript, codescript, Text). Es zeichnet sich durch intuitive Programmierweise durch einen hohen Benutzerkomfort aus (automatische Konvertierung von Videodaten, automatische Einzelbilderstellung, integrierter Videoplayer, Loop-Funktionen, integrierte Partitur-Ansicht für die Präsentation auf Tagungen, intuitive Progammierungsweise, größtmögliche Flexibilität der Gestaltung einer Partitur sowohl auf X- wie Y-Achse, Exportfunktionen nach Excel, SPSS sowie png und pdf (druckfähig 300 dpi). Die cloud-technology ermöglicht schließlich die gemeinsame Arbeit an Partituren innerhalb standortübergreifender, überregionaler oder international arbeitender Teams.

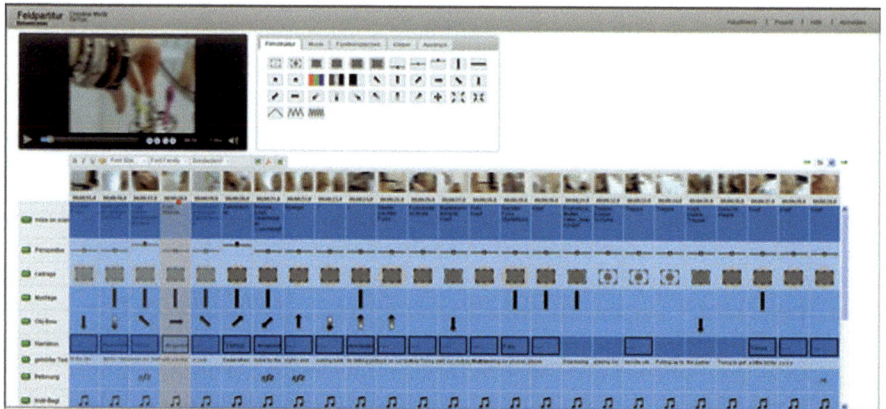

Abbildung 6   Screenshot der Software Feldpartitur Basic Stand Mai 2011. Zu sehen ist der integrierte Videoplayer, die automatisch generierte Einzelbildleiste und Transkriptionen in der Feldpartitur in allen Editier-Modi frame-by-frame, TXT, Transcript (TS), Notescript (NS), Codescript (CS).

---

[95] Die Entwicklung wurde gefördert durch ein EXIST-Gründerstipendium des Bundesministeriums für Wirtschaft und Technologie aufgrund eines Beschlusses des Deutschen Bundestages im Zeitraum 11/2010 bis 10/2011 an der Pädagogischen Hochschule Ludwigsburg. Herzlichen Dank an meinen Mentor Professor Dr. Horst Niesyto und für die Ermutigung und Unterstützung bei der Durchführung des Projekts von der ersten Idee bis zur tatsächlichen Marktreife an Prof. Dr. Jo Reichertz.

5 Ausblicke

Zuletzt sollen mit diesem Textabschnitt einige abschließende Überlegungen zur Weiterentwicklung des Transkriptionssystems für Forschende aneinandergereiht werden.

- Auch wenn der hohe Sicherheitsstandard des SaaS-Systems (SSL-Verschlüsselung, Hashwert- und Saltverfahren) die Sicherheit gängiger PC-Systeme innerhalb universitärer Bereiche in den meisten Fällen übertrifft, wird die Weiterentwicklung der Software in Form einer internet-unabhängigen Desktop-Variante besonders bei hochsensiblen Daten, die auf Datenträgern außerhalb jeglicher Internetreichweite behandelt werden müssen, von nicht zu unterschätzender Wichtigkeit sein.
- Technische Weiterentwicklungen der Beta-Version der Software werden hinsichtlich der Größe der zu transkribierenden Videodateien, einem Ausbau der TS-Transkriptionsweisen sowie einem Ausbau der Kodierfunktionen eingefordert. Desweiteren wird die Integration der Messung physiologischer Daten (z.B. Stimm-Intensität, Hautwiderstand, andere bildgebenden Verfahren) benötigt.
- Wie der erste Blick über den Tellerrand zeigt, lassen sich in vielen Fachdisziplinen Darstellungsroutinen finden, die in einem weiteren Sinn als konventionalisierte Kommunikationsmuster verstanden werden können. Die Anwendung der Feldpartitur in den unterschiedlichen Fachbereichen hat die Standardisierung innerhalb einzelner Methoden zum Ziel.
- Die Transkription mit visuellen Zeichen und Symbolen erfordert Forschung im Bereich Darstellung der Ergebnisse und deren Kommunizierbarkeit innerhalb der Scientific Community. Die Frage der Definition visueller Symbole, aber auch die Frage der Selektion und Auswahl von Symbolen innerhalb einer Partitur unter dem Gesichtspunkten der Visualität ist als Theoriearbeit im komplexen Themenbereich Transkription von Videodaten zu betrachten.
- Die Transkription von Videodaten schließt im Editiermodus codescript an die Thematik der Analyse von Videodaten an. Anders als in anderen Analyseprogrammen sind die Kodes in der Feldpartitur mit den filmstrukturellen Merkmalen des Datenmaterials eng verknüpft. Die Analyse von Videomaterial innerhalb einer Methode erlaubt auf der Basis einer Feldpartitur die notwendige Gegenstandsbegründung und somit Nachvollziehbarkeit. .
- Eine Reflexion der Feldpartitur nicht nur als ein Forschungsinstrument zum Zweck der Analyse, sondern auch als ein Instrument für das Kommunikationshandeln ist insbesondere hinsichtlich ikonologischer Symbole zu tätigen.

6 Zusammenfassung des Nutzens der Feldpartitur für Forschende

Zusammengefasst bietet das Konzept der Feldpartitur aus folgenden Gründen einen kognitiven und forschungspraktischen Mehrwert zur textbasierten Arbeit mit dem Video:

Transkription videoimmanenter Strukturen: Visuellen und auditiven Strukturen des Videos, dessen dynamische Entwicklungen, Muster oder Konstruktionsprinzipien kann in ihrer Eigenschaft der Gleichzeitigkeit und Linearität durch die Partiturschreibweise eher Rechnung getragen werden als durch die verbale Umschreibung.

Feldpartitur als Analyseinstrument: Die Aneignungsaktivität der Forschenden (wahrnehmen, sehen und hören, deuten, interpretieren) wird in dieser Erfassung des semantisch diffus Unbestimmten durch das gegebene Zeit-Raum-Raster der Feldpartitur systematisiert und daher unterstützt. Wie in der Musik- und Sprachentwicklung lässt sich die Entwicklung eines analytischen Schrift-Systems dabei als ein kognitiver Sprung zur vormals mündlichen Überlieferung betrachten. Insbesondere explorative Forschungsfragen erfordern in diesem Prozess zunächst die latente, dann zunehmende bewusste und begrifflich fassbare Wahrnehmung der Einzelkomponenten des Videos. Im Forschungsprozess lassen sich daher häufig der Wechsel zwischen der (vorläufigen) Kodierung und dem erneuten Betrachten der originären Videodatei vorfinden. Auf diese Weise gelingt eine zunehmende Prägnanz der Kode-, Kategorien- und Begriffsbildung.

„All inclusive": Die Feldpartitur greift bestehende Transkriptionsstandards auf und kategorisiert die Konstituenten des Videos in die fünf Editier-Modi (Einzelbildanalyse, transcript, notescript, codescript sowie Verbalunschreibung, siehe Textabschnitt 3.3.6., S. 59 ff). Auf diese Weise ermöglicht die Sofware in einem Programm die Kombination unterschiedlicher Transkriptionsweisen zur Erfassung der Kodesysteme in einem Video.

Untersuchung von Zusammenhängen: Erst auf der Basis der differenzierten Isolierung einzelner Komponenten kann ein Vergleich der Einzelspuren sowie im Anschluss eine Untersuchung der Beziehung der einzelnen Konstituenten zueinander untersucht werden. Diese Beziehungen zwischen den einzelnen Elementen können erneut kodiert und kategorisiert werden. Die Feldpartitur ermöglicht auf der einen Seite auf diese Weise die Hervorhebung einer relevanten Einzelkomponente über einer digitalen Zeitleiste. Es sind jedoch auch rasterübergreifende Kodierungen, beispielsweise die Kodierung länger andauernder oder versetzt übereinanderliegender Ereignisse, denkbar.

Selektion: Der Aspekt der Auswahl und Selektion der zu transkribierenden Elemente ist angesichts der potentiellen Überfülle von Bedeutungsträgern im Datenmaterial von großer Bedeutung bei der analytischen Arbeit mit audiovisuellem Material. Rein technisch liegt keine Begrenzung in der Anzahl übereinanderliegender Spuren vor. Der Aspekt der Selektion betrifft auch die Auswahl relevanter

Sequenzen („Schlüsselsequenzen") sowie die Einstellung der Zeitleiste.Selektion: Noch unzureichend behandelt wurde in diesem Beitrag der Aspekt der Auswahl und Selektion der zu transkribierenden Elemente, welcher angesichts der potentiellen Überfülle von Bedeutungsträgern im Datenmaterial von großer Bedeutung bei der analytischen Arbeit mit audiovisuellem Material ist. Rein technisch liegt keine Begrenzung in der Anzahl übereinanderliegender Spuren vor. Der Aspekt der Selektion betrifft auch die Auswahl relevanter Sequenzen („Schlüsselsequenzen") sowie die Einstellung der Zeitleiste.

Datenreduktion: Der Aspekt der durch Transkription entstehenden gewünschten Reduktion der Information auf relevante Inhalte ist von hoher Bedeutung bei einem Datenmaterial, welches potentiell aufgrund seiner Medieneigenschaften die Generierung einer quasi unendlichen Menge an Information erlaubt. Es ist bei der Transkription von Videodaten mit der Feldpartitur dabei jedoch grundsätzlich zu bedenken, dass der Moduswechsel von einem Symbolsystem (Video) in ein zweites (visualisierendes Diagramm) sich in reflexiver Weise auch mit der Frage beschäftigen muss, welche Verluste mit diesem Kodewechsel einhergehen, um diese nachvollziehbar zu dokumentieren: Die audiovisuell vermittelte metaphorische Bewegungsgeste einer Feldperson, der durch das Video vermittelte Körperausdruck eines Menschen oder die affektive Wirkung einer schnittrhythmischen Figur sind in ihrer *Bedeutung* immer *mehr* als die bloße Aneinanderreihung von einzelnen Symbolen, Punkten oder Kodes. Aus diesem Grund wird die Arbeit in der Feldpartitur mit dem Beibehalten des originären Videos kombiniert.

Feldpartitur als Darstellungsinstrument: Deskriptiv lässt sich die Feldpartitur am Ende eines Forschungsprozesses als ein Darstellungsinstrument verwenden. Sie beschreibt Elemente der oben geschilderten ersten Kategorie (Akteurs- und Objektdarstellung) als auch der zweiten (filmischen Elemente) und dritten Kategorie (mediale Video-Eigenproduktionen). Von besonderer Wichtigkeit ist die Feldpartitur als Darstellungsinstrument insbesondere in Fällen, wo sensible Videodaten nicht zur Veröffentlichung freigegeben werden, denn Bilddaten können beim Export der Partitur blindgestellt werden. Die Partitur dient am Ende eines erfolgten Forschungsprozesses als empirischer Beleg. Die Dokumentation der Beobachtungskategorien und Kodeprozesse ermöglicht das Gütekriterium der Nachvollziehbarkeit der Interpretation für Außenstehende. Nicht zuletzt dient die Verschriftung in Form einer Partitur als ein kognitiv effizientes schriftsprachliches Kommunikationsmedium im Rahmen einer schriftsprachlichen Publikation.

Feldpartitur als Messinstrument: In einer Partitur lassen sich die einzelnen Konstituenten in ihren Dauern sowie ihren Intensitäten darstellen. Auf diese Weise erfolgt nicht nur die Visualisierung in Form eines Strukturbildes, sondern der Export der Daten in Tabellenkalkulations-Programme ermöglicht weitere Auswertungsprozesse.

Entlastung von technischen Aufgaben: Die Software Feldpartitur entlastet nicht zuletzt Forschende von der Konvertierung der Videodaten und von der Herstellung der Einzelbilder. Die Software funktioniert auf allen Betriebssystemen und importiert alle gängigen Videoformate. Im Rahmen des Dienstleistungskonzeptes können Forschende Basistranskriptionen (etwa Filmsprache, verbale Explikation etc.) sowie Videoschnitte erstellen lassen.

Teil II Einzelfalldarstellungen

Im zweiten Teil der vorliegenden Arbeit werden drei Einzelfallbeispiele aus den drei Videokategorien (das Dargestellte, das Filmische, mediale Eigenproduktionen, siehe S. 17–19) ausgeführt, um die Arbeit mit der Feldpartitur in drei unterschiedlichen Softwaren exemplarisch zu veranschaulichen.

Als erstes Fallbeispiel wird ausführlich aus der Pilotstudie des Systems Feldpartitur (Moritz 2010) das Einzelfallbeispiel „Das Duell" (Moritz 2010[96]) erörtert. Es handelt sich um ein Einzelfallbeispiel aus der Kategorie Verhaltensbeobachtung. Verwendet wird die Notations-Software finale (Klemm) in der Version 2008.

Als ein zweites Fallbeispiel wird in aller Kürze das Fallbeispiel „Ein Hund fährt schwarz" ausgeführt, da bereits in diesem Verlag eine Buchpublikation des Falles ausgeführt wurde (Reichertz/Englert 2010). Es handelt sich um die hermeneutische Interpretation aus der deutschen Fernsehsendung 24-Stunden-Reportage (Sat1), und stellt somit die Videokategorie „kommerzieller Film" dar. Verwendet wird in diesem Fallbeispiel die Software Feldpartitur basic (Version Mai 2011).

Schließlich wird drittens aus der noch nicht fertiggestellten Dissertationsstudie Hilt ein einzelner differenzierter Aspekt aus dem Videoclip eines Kindes mit dem Namen „Fontaine" ausgeführt. In dieser Studie werden Video-Eigenproduktionen von Kindern untersucht, wodurch die dritte, sehr komplexe Videokategorie angesprochen wird. Verwendet wird hier noch die Software Excel und Indesign.

1   Einzelfallbeispiel 1: „Das Duell"

In diesem Einzelfallbeispiel wird ein Auszug aus der videobasierten Studie Moritz (2010, S. 180 ff)[97], welche die face-to-face-Kommunikation im Forschungsfeld Instrumentalpädagogik (Klavierunterricht) untersucht, vorgestellt. Es handelt sich bei den Ausführungen in diesem Textabschnitt um die Pilotstudie zur Entwicklung der Feldpartitur. Die Studie mit dem Titel „Dialogische Prozesse in der Instrumentalpädagogik" erforschte explorativ unter dem Blickwinkel der Dialogphilosophie mit der Methode Grounded Theory Methodology (GTM, Glaser-

---

[96] Internetbeigabe www.feldpartitur.de/Dissertation.
[97] Die Dissertation wurde gefördert durch ein Stipendium im Rahmen des Hochschul-Wissenschafts-Programms des Landes Baden-Württemberg (HWP). Internetbeigabe: www.feldpartitur.de/Dissertation.

sche Variante) das existenzphilosophisch vielfach beschriebene Phänomen der Begegnung nach Martin Buber (2006, siehe Bidlo 2006) in seiner empirischen Erscheinung. Der Fokus lag in der Erforschung der Mikroprozesse kommunikativer Handlung im natürlichen Geschehen zunächst der Dyade. Ziel der Studie war die Entwicklung einer Grounded Theory, welche im *Kongruenzfeldmodell* ausformuliert wurde. Verwendet zur Transkription wurde mangels Alternative im Jahr 2009 die Musiknotations-Software Finale.

Die videobasierte Studie stellte zu Beginn eine erhöhte forschungspraktische Anforderung: Verbalsprechen spielt bei der Annäherung an die fachspezifisch-instrumentalpädagogische Vermittlungspraxis des Feldes eine verhältnismäßig geringe Rolle, weshalb die vorfindliche Transkribierpraxis sich als wenig geeignet für die Erforschung des im Fokus sich befindenden Phänomens der Begegnung zeigte. Weit eher ereignet sich Vermittlung im Feld Instrumentalpädagogik durch gemeinsames Musizieren und Praxishandeln der Beteiligten innerhalb eines Gegenwartsgeschehens. Um dieses Handeln systematisch qualitativ-explorativ zu erforschen, ergab sich die Notwendigkeit zur Entwicklung eines Partitur-Transkriptionssystems, welches in der Lage ist, auch die vielfältigen nichtzeichenhaften und multimodalen Handlungskomponenten innerhalb des aufgezeichneten Gegenwartsgeschehens überhaupt zu erfassen. Das System Feldpartitur wurde aus dieser Notwendigkeit heraus zunächst als Pilotstudie ausgeführt[98]. Die im Anschluss an Reichertz und Bidlo mit der Bezeichnung „kommunikatives Handeln" titulierte Aktivität (Reichertz 2003, 2009; Bidlo 2006) wurde in Form eines heuristischen Rahmenmodells (Teilergebnis I der Studie) zunächst systematisiert und am Ende der Studie als Kategorien- und (im Rahmen der zunehmenden Verdichtung der Kategorien während der Forschungsarbeit) nicht zuletzt als Begriffssystem ausformuliert (Teilergebnis III der Studie). Zur Einordnung für Lesende: Das Rahmenmodell Dialogischer Kubus ist anschließend Kategoriensystem für die Transkription mit der Feldpartitur, die im Folgenden exemplarisch an einem Einzelfall ausgeführt wird. Vor der Ausführung des Einzelfallbeispieles wird im folgenden Textabschnitt das Dialogische Kubusmodell in aller Kürze vorgestellt.

1.1   Heuristischer Rahmen: Dialogisches Kubusmodell

Das kommunikative Handeln der Beteiligten wurde mit einem in der Studie entwickelten heuristischen Rahmenmodell, dem sog. *Dialogischen Kubus*[99] erfasst

---

[98] Die Entwicklung der Feldpartitur wurde ermöglicht durch ein Stipendium im Rahmen des Schlieben-Lange-Programms des Landes Baden-Württemberg.
[99] Das Kubusmodell ist als Teilergebnis II der Dissertation ausformuliert (Moritz 2010 S. 113–158). Es handelt sich bei diesem Modell um den eigens für die vorliegende Fragestellung entwickelten heuristischen Rahmen der Studie. Das Kubusmodell ist eine Visualisierung von drei theoretischen

und im Sinne eines Kategoriensystems in der dritten Phase der Forschungsarbeit für die Übertragung der Kodes in die Feldpartitur zum Zweck der Hypothesenüberprüfung sowie der Verdichtung der weitgehend bereits entwickelten Theorie genutzt.

Forschungshistorisch entstand das Modell über die Prozesse des offenen Kodierens nach der GTM überwiegend in der ersten Forschungsphase, wobei eine permanent sich verändernde Gruppierung, Gewichtung und Verdichtung der einzelnen Kategorien bis zum Abschluss der Arbeit – auch und gerade *durch* die Arbeit mit der Feldpartitur – noch vorgenommen wurde (Moritz 2010, S. 113).

Die im folgenden Textabschnitt vorgestellten Dimensionen und Ebenen erfassen im Sinne eines *Komponentenmodells* die kommunikative Gesamthandlung eines Subjekts im Gegenwartsgeschehen. Die Systematisierung in Form eines Kubus erlaubt dabei einerseits den Überblick über das gegenwärtige Handeln der Akteure, andererseits jedoch widerstreben die in der sozialen Wirklichkeit einhergehenden Handlungsprozesse der symmetrischen Form des Kubusbildes. Diese kennzeichnen sich in ihren empirischen Eigenschaften weder durch Symmetrie noch durch klar voneinander abzugrenzende Komponenten, sondern lassen sich vielmehr durch idiosynkratische Verschiedenheit, intrasubjektive Gleichzeitigkeit und fließendes Ineinanderübergehen der einzelnen sog. „Kubus-Felder" beschreiben. Die einzelnen Komponenten des Kubusmodells treten darüber hinaus in unterschiedlichen Intensitäten auf, waren zeitlich von unterschiedlicher Dauer und befanden sich in einem zeitlichen permanenten Wechsel. Die Metapher des Wetters (Ebel 1967, S. 50 f), die sich auch im Begriff des „Unterrichtsklimas" durchgesetzt hat, lässt sich auf die Vielschichtigkeit und Wechselhaftigkeit ineinander-übergreifender und aufeinander-einwirkender Ereignisse eines Gegenwartsgeschehens gut anwenden.

Dennoch bietet die Visualisierung in Form eines Kubusmodelles einen kognitiven Mehrwert, da durch den entstehenden Überblick auch komplexe und feinverästelte kommunikative Gesamtabläufe auf der Basis von Videomaterial nachvollzogen werden können. Die Beobachtung und Kodierung anhand des Modells ist dabei – wie oben bereits ausgeführt wurde – nicht in allen Fällen als eine positivistische Messung der Handlungsprozesse, vielmehr als verstehende und interpretierende Annäherung an die Bedeutungsgehalte der kommunikativen Gesamthandlung auf der Basis empirischer und zu benennender Indikatoren zu betrachten.

Im folgenden Textabschnitt wird das Modell des Dialogischen Kubus, welcher als Kategoriensystem für die spätere Transkription in die Feldpartitur fungiert, in Form eines abstrakten, empirisch leeren Darstellung der Kategorien vorgestellt. Die Gegenstandsverankerung und dichte Beschreibung der Katego-

---

Dimensionen auf der x-Achse, der y-Achse und der z-Achse. Der Begriff „Dialogischer Kubus" wird aus Gründen der Lesbarkeit als terminus technicus in der vorliegenden Studie groß geschrieben.

rien anhand der empirischen Gesamtdatenbasis erfolgten in der bereits genannten Dissertation.

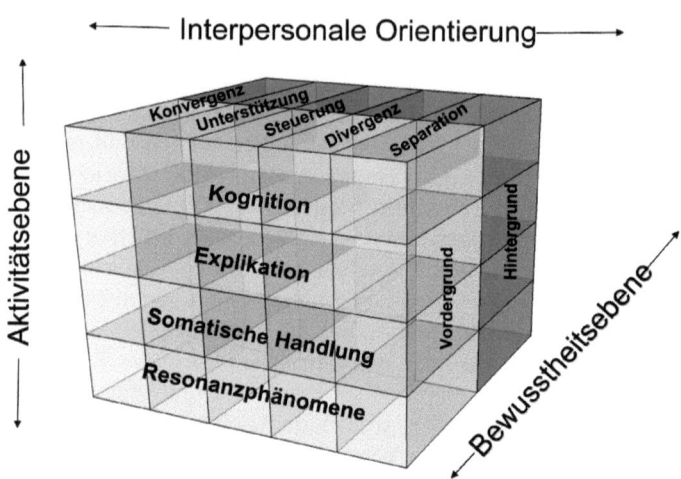

Abbildung 7   Die drei Dimensionen des Dialogischen Kubusmodells (Aktivität, Interpersonale Orientierung, Bewusstheit) mit den jeweiligen Subebenen und den daraus entstehenden 40 Kubusfeldern

Die Visualisierung in Form eines Kubus ist bedingt durch die *Übereinanderlagerung dreier Analysedimensionen*, die in der sozialen Wirklichkeit einer kommunikativen Gesamthandlung untrennbar miteinander verbunden sind, und daher nur theoretisch im Sinne des Komponentenmodells differenziert werden können: Die Ebene der Aktivität, die Ebene der interpersonalen Orientierung eines Subjekts und die Ebene der Bewusstheit über die eigene Aktivität und Orientierung. Das heißt: Die Videodaten lassen rekonstruieren, dass *jede* Aktivitätskomponente gleichzeitig innerhalb einer *spezifischen* interpersonalen Orientierung und gleichzeitig innerhalb einer *spezifischen* Bewusstheit der Beteiligten über ihre eigene Aktivität und Orientierung vollzogen wird.

Das Kubusmodell erfasst also lediglich die Aktivität der Beteiligten innerhalb des auf dem Videoband aufgezeichneten *Gegenwartsgeschehens*. Makroprozessuale Strukturen (z. B. Handlungszüge) lassen sich aufbauend auf der mikroprozessualen Analyse beschreiben. Die Kodierung erfolgte auf der einen Seite im Sinne der ersten Videokategorie videobasierter Akteurs- und Objektabbildung (= 1. Beobachtungskategorie). Aber es wurden darüber hinaus auch zeitversetzte Informationen der Feldpersonen selbst, zugeordnet (= 2. BK). Schließlich wurden

Interpretationen des Videomaterials durch Kontextdaten[100] und im Rahmen einer Interpretationsgemeinschaft durch Forschende (Moritz 2009) den Geschehnissen auf Videoband zugeordnet (= 3. BK). Alle empirischen Belege wurden den aufgezeichneten Videoabschnitten zugeordnet, und unter Bezeichnung der entsprechenden Beobachtungskategorie als Kode in der jeweiligen Stelle der Feldpartitur eingetragen. Die Triangulation der drei Beobachtungskategorien dient der Validierung der Kodierung in der Feldpartitur.

Die *erste Dimension* des Dialogischen Kubusmodells (Vertikalachse) ist die der *Aktivität*, denn kommunikative Handlung wird durch Aktivität vollzogen. Umgekehrt formuliert bedeutet dies: ohne Aktivität der jeweiligen Beteiligten entsteht keine Kommunikation. Dieser sich an den Konstruktivismus anschließende Grundgedanke findet demnach Anwendung. Wie die Vertikalachse der Kubusabbildung zeigt, werden die Aktivitäten der Beteiligten dabei in *vier* Subkategorien (das sind im Kubusmodell die einzelnen Ebenen der Dimension Aktivität) eingeteilt. Von Bedeutung bei der Rekonstruktion der Aktivität ist, dass den beiden Ebenen der sog. extraversiven (extra = außen) Aktivität (zeichenhaft vermittelten Explikation und somatische Handlung) die beiden Ebenen der intrapsychischen Aktivität (Kognition und subjektive Resonanz) zugesellt werden. Vorfindliche Kommunikationsmodelle, die sich ausschließlich mit den empirisch leichter zugänglichen extraversiven Ebenen einer Kommunikationshandlung beschäftigen, werden daher in diesem Modell durch die intrapsychischen Formen der Kommunikationsaktivität erweitert. Diese lassen sich auf der Basis des subjektwissenschaftlichen Forschungsansatzes rekonstruktiv erforschen.

Diese erste und vierte Aktivitätsebene der intrapsychischen Aktivität (Kognition und Resonanz) wirft dabei in ihrer Kategorisierung eine Dichotomie auf. Die Kognition wird gegenüber der Resonanz (lat. resonare = wiederklingen) durch die Eigenschaften der *willkürlichen Steuerung* und der *Nicht-Sinnenbasiertheit* der mentalen Aktivität definiert, die Resonanzaktivität[101] (welche in anderen Studien den Kognitionen zugeordnet wird) demgegenüber als eine *unwillkürliche*

---

[100] In diesem Einzelfall fallen unter die 3.BK Interviews, Vergleich der Forschungsinterpretation mit der Selbstinterpretation der Feldpersonen, Hinzuziehung weiterer Forschenden im Rahmen einer Interpretationsgemeinschaft (Moritz 2009).
[101] Die Resonanzaktivität der Beteiligten wird in der Studie in vier subkategorialen Erscheinungsweisen empirisch beobachtbar: als leibliche Resonanz („Gänsehaut", „Tonusveränderungen" etc., also der genuine Gegenstand der empirischen Musikpsychologie), als emotionale Resonanz (etwa Gefühle der Freude, Trauer, hintergründig als Stimmungen etc.), als mentale Resonanz (sprunghaft ins Bewusstsein „einfallende", meist auf synästhetischer Verknüpfung beruhende Assoziation) – und aufgrund der Bedeutung im Rahmen der musikpädagogischen Studie separat aufgeführten sog. musikalischen Resonanz („genuin musikalische Empfindung"). Die empirischen Eigenschaften der Resonanzphänomene werden in der Dissertation – im Rahmen des theoretical sampling nach GTM auch unter Bezugnahme auf bestehende Wahrnehmungstheorien – ausführlich erörtert.

(keineswegs unbewusste) und *sinnenbasierte Aktivität* (Re-Aktivität der Sinne als Re-Sonanz) der Beteiligten innerhalb einer gegebenen Situation.

Die zweite Aktivitätsebene der Explikation (zeichenhafte Vermittlung) umfasst drei Subkategorien: die Ebene der Sprache *(verbale Explikation)* und die Ebene der nonverbalen Zeichen *(nonverbale Explikation wie Mimik, Gestik)*. Auch über das Medium der Musik können Kommunikationsinhalte zeichenhaft, nämlich mittels der musikalischen Symbolebene vermittelt werden *(musikalische Explikation)*[102]. Bei der Kodierung ist dabei die Abgrenzung zwischen der nonverbalen Explikation und der Ebene der subjektiven Resonanz fließend, wie bereits erwähnt[103]. So kann ein beobachtetes „Lächeln" im Videobild auf der einen Seite zeichenhaft als nonverbale Explikation verstanden werden oder auf der anderen Seite als ein empirischer Indikator der intrapsychischen Aktivität Emotion (z. B. als Grundemotion der Freude, aber auch vieldeutig wie etwa als Sarkasmus, Bitterkeit u. v. a.) verstanden werden. Neben der bereits erwähnten Tatsache, dass beide Ebenen (Explikation und Resonanz) in der Gleichzeitigkeit auftreten können, zeigt die Analyse der vorliegenden Gesamtdatenbasis, dass ein anhand der vorliegenden Kriterien rekonstruiertes *Gegenwartserleben* der Emotion (z. B. Freude) sich nicht gleichzeitig in Form eines Lächelns nach außen explizieren *muss*, und umgekehrt eine *nichtempfundene* Emotion der Freude durch ein Lächeln zu einem spezifischen Zweck innerhalb der kommunikativen Gesamthandlung durchaus dennoch nach außen expliziert werden *kann*. Die beiden Ebenen der subjektiven Resonanz (Erleben der Emotion) und deren explikative Ausdrucksebene (das Lächeln) lassen sich demnach voneinander durchaus unterscheiden.

Die dritte Ebene der somatischen Handlung wird gemeinsam mit der Ebene der Explikation als eine der beiden extraversiven, also nach außen performativ sich darstellende Ebene, zusammengefasst. Somatische Handlungen werden von der Ebene der Explikation durch Nicht-Zeichenhaftigkeit unter Aktivierung der Physis abgegrenzt.

Die hier kategorisierten vier Aktivitäten werden von einem Subjekt dabei in numerisch variabler Anzahl *gleichzeitig* vollzogen: eine, zwei, drei oder auch vier Formen der Aktivität sind im Datenmaterial in der Gleichzeitigkeit beobachtbar. Das Datenmaterial zeigt beispielsweise eine Schülerin, die gleichzeitig produktiv denken *und* sprechen *und* eine somatische Handlung (z. B. Klavierspielen) durchführen *und* eine Emotion (Freude) dabei empfinden/erleben kann. In diesem Fall würden bei dieser Sequenz alle vier Aktivitätsebenen in der Gleichzeitigkeit kodiert und das Strukturbild einer Feldpartitur entsprechend dicht editiert.

---

[102] Siehe zur „musikalischen Grammatik" Lehrdahl/Jackenhoff 1983; siehe zur Musiksemiotik Karbusicky 1987; Stoianova 1987; Ausführungen zur Musik als einer „lingua universalis" Kopiez 2004; Versuch eines Anschlusses an Kommunikationswissenschaft Großmann 1991.

[103] „Nicht alles in der kulturell angeeigneten und produzierten Welt der Dinge ist seiner Bestimmung nach ein Zeichen; alles kann aber zum Zeichen werden." (Karbusicky 1987, S. 227).

Die *zweite Dimension* des Kubusmodells (Horizontalachse) ist die Ebene der *Interpersonalen Orientierung*. Mit diesem Begriff wird in der vorliegenden Studie die gegenwärtige Gerichtetheit der beteiligten Personen („das Eigene") auf die Außenwelt („das Andere"[104]) definiert. Es werden in der Studie fünf Formen interpersonaler Orientierung kategorisiert: Konvergenz als eine Orientierung der Annäherung (abgeleitet aus lat. vergere = ‚sich neigen', ‚sich hin'- oder ‚zuneigen' im Sinne einer An-Näherung oder auch eines Heran-Kommens an ein Außenliegendes), zwei Formen der hierarchischen Orientierung (die Verstärkung und die Steuerung), die Orientierung der Divergenz als Gegenstück zur Konvergenz und schließlich als negatives Äquivalent die Orientierung der Separation (ausbleibende interpersonale Orientierung bei Vollzug einer Aktivitätskomponente) innerhalb einer gegebenen Situation.

Jede der geschilderten vier Aktivitäten kann also unter jeder der fünf Formen *interpersonaler Orientierung* vollzogen werden, wodurch bis zu diesem Textabschnitt bislang 20 Kubusfelder konstruiert werden. So lässt sich in der vorfindlichen Datenbasis beispielsweise die explikative Aktivitätskomponente einer Lehrkraft in Konvergenz oder Divergenz, die somatische Handlungskomponente eines Kindes steuernd oder in der Separation, die kognitive Aktivitätskomponenten oder die subjektive Resonanz einer Lehrkraft (z. B. eine Emotion) verstärkend oder divergierend auf das Gegenüber oder auf den Gegenstand des Unterrichts orientiert sein.

Alle 20 Kubusfelder können schließlich innerhalb des Gegenwartsgeschehens in bewusster oder in nicht(latent-)bewusster Weise (nach Husserl, siehe Überblickend Thurnherr, Hügli 2007) vollzogen werden, wodurch die *dritte Dimension des Kubusmodells (Sagittalebene)* genannt wird. Bewusst vollzogene Aktivitäten werden entsprechend der Visualisierung mit der Bezeichnung „Vordergrund", nicht- oder latentbewusste mit der Bezeichnung „Hintergrund" versehen. Auch der Begriff des Bewusstseins, gleichwohl ein epistemischer Begriff, wurde dabei, wie alle Kategorien des Kubusmodells, gegenstandsbegründet entwickelt: in Bezug auf die Rekonstruktion der kommunikativen Gesamthandlung ist die Bewusstheit der Lehrkräfte über ihr eigenes Lehrerhandeln von Relevanz für die vorliegende Fragestellung

Es ergeben sich innerhalb des Dialogischen Kubusmodells auf diese Weise insgesamt 40 Kubusfelder. Auch diese beiden Ebenen des Vorder- und des Hintergrundes sind – wie alle subkategorialen Ebenen des Kubusmodells – fließend. Die Bewusstheit wird im Rahmenmodell des dialogischen Kubus auf der Tiefenachse im Sinne des Vordergrundes und des Hintergrundes visualisiert.

---

[104] Interpersonale Orientierung kann dabei auf die beteiligte Person oder (anders als im „didaktischen Dreieck") über einen medial vermittelnden Unterrichtsgegenstand angewendet werden.

1.2 Anwendung eines Kategoriensystems in der Feldpartitur

Die erste Zeile der Feldpartitur bildet im vorliegenden Einzelfallbeispiel eine Zeile aneinandergereihter Einzelbilder (stills) zum Zweck der frame-by-frame-Analyse und als Unterstützung für die Transkriptionsprozesse[105]. Unter den stills befinden sich die Einzelspuren zur Notierung der Aktivitätskomponenten, wie sie im vorigen Textabschnitt geschildert wurden. Die Aktivitäten der Beteiligten wurden – im Wechsel mit einer Fließbetrachtung der Gesamtszene – alle 0,4 sec kodiert, dies entspricht einem mit dem bloßem Auge – also ohne eine Verlangsamung der Abspulgeschwindigkeit – einzelnen, wahrnehmbaren „Augenblick". In dieser Studie wurde die Aneinanderreihung von fünf stills pro Din-A4 Seite gewählt, wodurch pro Seite ein Videozeitraum von 2 sec abgebildet wird.

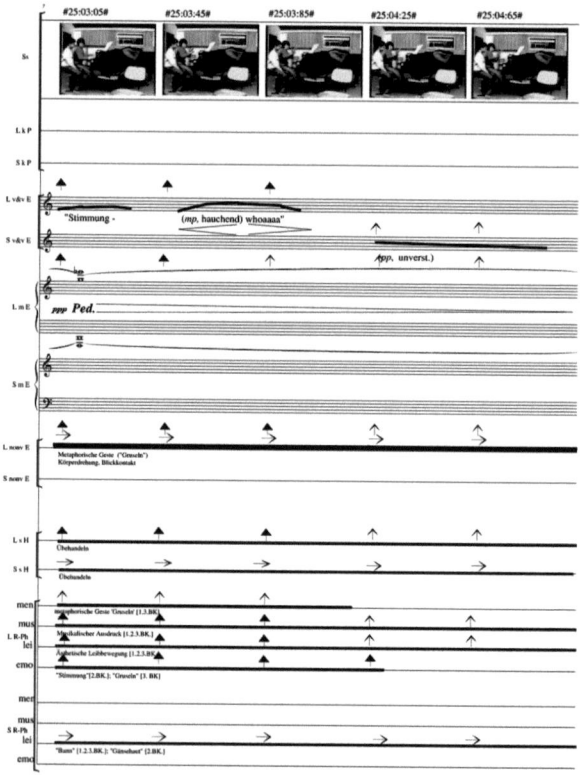

---

[105] Die Genehmigung zur Veröffentlichung sowohl des Bild- wie Videomaterials ist nicht immer gegeben. In der vorliegenden Gesamtstudie wurde die Genehmigung zur Veröffentlichung sowohl der Bild- wie ausgewählter Videodaten durch die Feldperson lediglich in diesem einen Einzelfall freigegeben.

Einzelfallbeispiel 1: „Das Duell"

Die 40 oben aufgeführten genannten Felder des Kubusmodells sind als Kodes in folgender Weise auf die Feldpartitur übertragen:
Die Ebenen der Aktivität sind in der vertikalen Achse der Feldpartitur in Form einzelner Spuren untereinander gereiht. Sowohl Lehrkraft wie SchülerInnen erhalten dabei jeweils separate Transkriptionsspuren pro Aktivitätskomponente. Am linken Rand der Partitur ist diese mit entsprechenden Kürzeln – wie in der Legende[106] gezeigt – versehen. Die Eintragung eines *Balken* entspricht der Beobachtung/Rekonstruktion der jeweiligen Aktivität. Entsprechend deutet die Auslassung eines Balkens auf das entsprechende Ausbleiben der Aktivität der Beteiligten in der Aufzeichnung. Die Ebene der Interpersonalen Orientierung wird durch mehrere verschiedene *Pfeilsymbole* → direkt über der jeweiligen Aktivität markiert. Die Ebene der Bewusstheit schließlich durch die *Füllung der Pfeilspitze*. Die einzelnen *Beobachtungskategorien* (1. BK, 2. BK, 3.BK) finden sich in der Ebene Kognition und Resonanz jeweils unterhalb des markierten Kodes (zum Beispiel durch die Eintragung: [1.,2.,3.BK]).

1.3 Mikroanalyse einer Interaktion mit der Feldpartitur

Das folgende Fallbeispiel ist eines von vier kontrastierenden Einzelfällen, welche in der Studie exemplarisch die Kategorien des Kongruenzfeldes (die Kernkategorie der Studie) veranschaulichen sollen. Das Einzelfallbeispiel zeigt die Zusammenführung aller verwendeten Datentypen (Video, L-Interviews, Kurzfragebögen, Deutungen aus einer Interpretationsgemeinschaft) in einer Feldpartitur (vollständig veröffentlicht als Internetbeigabe[107]), was forschungsmethodisch für die vorliegende Leserschaft von Interesse sein kann.

Inhaltlich handelt es sich bei diesem Fall um ein Beispiel aus dem Konzept „Unterricht als ein Kampf", in diesem Fall um das Thema des Scheiterns der L-S-Relation innerhalb eigentlich günstiger Rahmenbedingungen, welches auf (Miss-)Verstehensprozesse im mikroprozessualen Kommunikationshandeln der Beteiligten auf überwiegend nichtverbaler Ebene zurückgeführt werden kann. Seinen Namen erhielt das hier stark gekürzt wieder gegebene Fallbeispiel im Rahmen der Interpretationsgemeinschaft. Es wurde beim Betrachten der Sequenz geäußert: *„Also – wenn das kein Duell ist zwischen den beiden." (Chat 775-20).*

Es handelt sich bei der ausgewählten Videosequenz um eine von insgesamt vier aufeinanderfolgend aufgezeichneten Einzel-Unterrichtsstunden im Fach Klavier an einer Städtischen Musikschule. Die beiden Beteiligten der Dyade sind die Schülerin (11 Jahre alt, Migrationshintergrund, seit 2 J. Klavierunterricht)

---

[106] Legende unter www.feldpartitur.de/Dissertation.
[107] www.feldpartitur.de/Dissertation; sowie in der neuen Software feldpartitur unter www.feldpartitur.de/bestpractice.

und die Lehrkraft (erfahrene Lehrkraft, städtische Musikschule). Beim Unterrichtsgegenstand handelt es sich um ein Arrangement des bekannten Themas aus dem Chorfinale der neunten Symphonie von L. v. Beethoven (Schillers Ode an die Freude: „Freude schöner Götterfunken....") für Anfänger als zweistimmiges Lied im Schwierigkeitsgrad ‚sehr leicht' gesetzt. Das Spielstück wird seit der ersten aufgezeichneten Unterrichtseinheit bearbeitet, es ist nahezu das einzige behandelte Stück im vierwöchigen Aufnahmezeitraum. Innerhalb dieser Zeit ist kein Lern- oder Spielfortschritt zu beobachten: die Schülerin scheitert in allen Videoaufzeichnungen an derselben Stelle: Die Spielfigur erfordert das Spielen von aufeinanderfolgenden Einzeltonschritten, weshalb die Figur mit dem dritten Finger der linken Hand begonnen werden sollte, um einen Fingersatzwechsel innerhalb dieser Tonfolge zu vermeiden. Spieltechnisch liegt die Ursache für den fehlenden Fortschritt im für die Spielfigur ungeeigneten Fingersatz: die Schülerin beginnt die Tonfolge immer mit dem falschen Finger, wodurch vor dem letzten Ton eine sehr lange Spielpause entsteht.

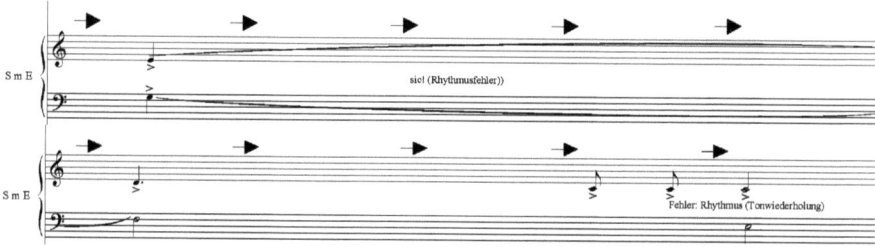

Die kognitive Anforderung an die Schülerin ist es, entgegen der vorhandenen Bewegungsroutine den von der Lehrkraft angebotenen Fingersatzwechsel *bewusst* vorzunehmen. Zu diesem Zweck wäre folgende – in der Instrumentalpraxis sehr häufig vorkommende – Übehandlung vonnöten: Die bewusste Zuordnung des geeigneten Fingersatzes erfordert eine kurzfristige kognitive Selbstkontrolle des Bewegungsablaufes, anschließend die mehrmalige Wiederholung des neuen Bewegungsablaufes im Spielgeschehen zum Erwerb eines motorischen Automatismus. Erst nach erfolgter Verankerung kann die kognitive Aktivität an dieser Stelle wieder vernachlässigt werden.

Diese, gemessen an den Leistungsmöglichkeiten der Schülerin, sehr geringe Anforderung wird von der Schülerin innerhalb des Aufnahmezeitraums *nicht* geleistet, was als dauerhafte und hintergründige Orientierung der Divergenz der Schülerin kodiert wird.

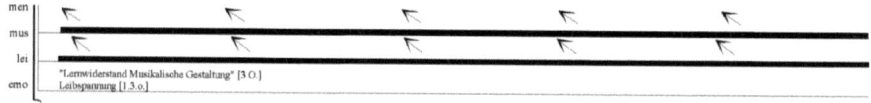

Die Analyse der Gesamtdatenmaterialien (Interview mit der Lehrkraft, Kurzfragebogen unmittelbar nach der Unterrichtseinheit) lässt als Re-Aktion der Lehrkraft den *Ärger* derselben rekonstruieren, der im Gegenwartsgeschehen aber *hintergründig* in die Kommunikationshandlung eingebracht wird.

Bei der Analyse der Sub-Aktivitätsebenen lässt sich interessanterweise beobachten, dass in der über *alle* Datenmaterialien durchgehend homogenen Orientierungssituation der Divergenz der Lehrkraft dennoch eine einzige Kommunikationsaktivität des Gegenwartsgeschehens in einem diametralen Widerspruch zur Divergenz steht: die Ebene der *nonverbalen Explikation* der Lehrkraft zeigt im Gegenteil in der Summe überwiegend Formen der *Konvergenz:* ein durchaus häufig, und immer wieder neu gebildeter *lächelnder Gesichtsausdruck* (FP S. 15), der Wechsel des Stimmtimbres in die für diese Lehrkraft spezifischen *„sanfte Stimme"*[108] (FP S. 25), das Aufrechterhalten eines ruhigen auf der Schülerin ruhenden Blickkontaktes über einige Sekunden Dauer (S. 2–6, *„aufmerksames Zuhören"*), oder sogar die Durchführung von Zeigegesten, Hin- und Herbewegungen im Unterricht – die Lehrkraft wirkt über die Durchführung dieser nonverbalen Kommunikationsaktivitäten engagiert und bemüht, am Gegenwartsgeschehen teilzunehmen und es kommunikativ anzureichern mit Konvergenz. Das Gesamtgeschehen ließe sich daher, wenn ausschließlich die visuell-nonverbalen Komponenten der Kommunikationshandlung beachtet würden, auf Seiten der Lehrkraft geradezu als *freundlich* bezeichnen.

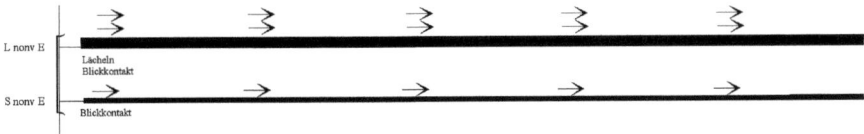

Diese intrasubjektive Inhomogenität zwischen den vordergründig-konvergent-nonverbalen und hintergründig-resonierend-divergenten Aktivitäten der Lehrkraft[109] wird in der Video-Interpretation von den Forschenden wiefolgt zum Ausdruck gebracht: Es sei eine *„dauerhaft angespannte Situation"* (Chat 775-20), mit der Tendenz einer dynamisch-expandierenden Prozessualität – *„(...) und*

---

[108] Die „sanfte Stimme" der Lehrkraft wurde über den gesamten Video-Datenfundus beobachtet: die Lehrkraft neigt insbesondere bei jüngeren Kindern und bei längeren Erklärungen zu einem Wechsel im Timbre in der Sprechstimme. Die Stimme lässt sich als obertronreich, kindhaft eingefärbt" beschreiben. Meist wird diese Stimme von humorvollen Äußerungen oder einem Lächeln begleitet.
[109] Bekannt als double-bind-Phänomen nach Watzlawick 2007.

manchmal schaffen sie es einfach nicht mehr, die Aggression zu unterdrücken, dann kommt so ein Räusperer – oder so ein Ausruf des Lehrers, ein Zwischenruf oder eine heftige Handbewegung auf Seiten des L und eine heftige Körperbewegung auf Seiten der Schülerin" (Chat 775-20). Auf diese Weise entsteht der Eindruck der Anstrengung und Mühsamkeit in den Abläufen: *„Aber nicht wirklich latent [aggressiv] – es ist eine mühsam unterdrückte Aggression auf beiden Seiten." (Chat 775-20).*

Die Lehrkraft begründet ihren Ärger durch das beständig ausbleibende Üben der Schülerin. Dieses ausbleibende Üben besteht seit Beginn der Unterrichtsbeziehung: *„Sie übt halt wirklich <<betont>gar nicht>."(775 AG I #00:04:15-5#).* Ein zweiter Punkt des Ärgernisses besteht hinsichtlich der ausbleibenden musikalischen Gestaltung der Schülerin. Die Lehrkraft beklagt im Interview I und II, dass dieser Schülerin jegliche Klangsensibilität und jeglicher musikalische Gestaltungswille (ausführlich siehe unten) fehle. Von einer flüssigen oder wenigstens dynamisierenden Klang- und Rhythmusgestaltung – ist nicht die Rede, das Leistungsniveau befindet sich vielmehr nach drei Unterrichtswochen unverändert im Stadium Buchstabieren einzelner Töne. *„Gänzlich fehlende musikalische Klanggestaltung" (Chat 775-20)* wird auch in der Interpretationsgemeinschaft (von sog. musikalischen Laien) als auch ExpertInnen kohärent kodiert.

Bei der Rekonstruktion der Schülerperspektive lässt sich – auch innerhalb des zur Schülerperspektive begrenzten Datenmaterials – auch bei der Schülerin Ärger finden. Sie kämpft auf musikalisch-explikativer Aktivitätsebene: sie fixiert während des Klavierspiels mit den Augen starr die Noten, die Schultern sind leicht hochgezogen, die Ellenbogen liegen eng und tonusreich am Oberkörper an, die Hände erscheinen verkrampft und in den differenzierten Fingerbewegungen eher hölzern. Die einzelnen Töne der Melodie und auch der Begleitung in der linken Hand (nahezu ausschließlich Viertelnoten) werden in dieser Körperhaltung in voneinander ununterscheidbaren Lautstärke und Anschlagsart (marcato) *„gehackt" (Chat 775-20).* Der nahezu bei jedem einzelnen Viertel mitschwingende Oberkörper („... Freu-de-schö-ner-Göt-ter-fun-ken ...") verstärkt den Eindruck der Angestrengtheit im Schülerspiel (siehe Codes in der Gesamtpartitur Internetbeigabe wie angegeben).

Im verhältnismäßig repressionsfreien Raum einer Interpretationsgemeinschaft wird dieses Spielverhalten kohärent als eine *„Abwehrhaltung"* interpretiert. Die Schülerin gäbe nicht nur *„[der Lehrkraft] zu verstehen, dass sie die Klavierstunden stinklangweilig findet"(Chat 775-20).* Sondern sie würde durch ihr Verhalten die eigene Divergenz geradezu plakativ [ironisch] zur Schau stellen: *„dann hackt sie in die Tasten (ebd.)* – und nutzt dazu überwiegend die nonverbal-explikative Ausdrucksebene: *„wie sie da schon sitzt und die Tasten anschaut, als wären es Kakerlaken."(ebd.).*

Bestätigt wird diese Interpretation durch den Fortgang des Unterrichtsgeschehens, dokumentiert im Videomaterial: Auf der Ebene der nonverbal-hintergründigen Explikation mündet direkt im Anschluss an das „qualvolle" Vorspiel („*Sie wirken beide so gequält.*" ebd.) die „Leibspannung" der Schülerin vermutlich unwillkürlich durch eine Art „*überschießenden Hypermotorik*" (Forschungstagebuch, FTB) in eine ausladende Spielbewegung: Der in Tonverdopplung ([Himmlische Dein ...Hei] „... *lig-thum*") gesetzte Schlusston [arr.] „c" gerät der Schülerin versehentlich *verdreifacht,* und darüber hinaus in der Lautstärke forte (statt piano).

Dieser peinlich-missratene Abschluss der Schülerdarbietung kommt, wie die folgenden Gesten zeigen (geschütztes Bildmaterial[110]), einem *Gesichtsverlust* für die Schülerin gleich: mit der kraft- und schwungvollen Abnahme der Hände von der Tastatur lehnt sie sich mit dem Oberkörper weit nach hinten zurück; während dieser Geste entweicht der Schülerin– die Schnelligkeit deutet auf Unwillkürlichkeit – ein kurzes und starkes Lächeln *(„Grinsen", erkennbar in der Lateralaufzeichnung an der Wangenspannung IP)* (Seite 3–4). Während des „Grinsens" und zeitgleich mit der nach-hinten-lehnenden Oberkörpergeste nimmt die Schülerin die linke Hand vor das Gesicht (Partitur Seite 6) und neigt anschließend den Kopf weit nach unten in die Hand hinein. Den Oberkörper allmählich nach vorne bewegend reibt sich die Schülerin drei Sekunden lang kraftvoll mit der linken Hand das linke Auge, das Lächeln (sichtbar an einer Wangenspannung) erstirbt während dessen vollständig.

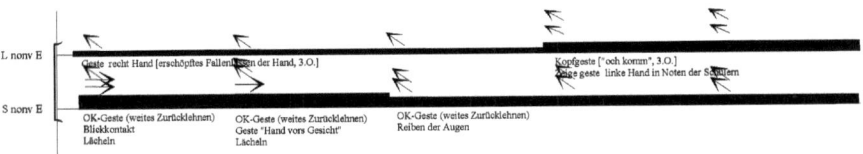

Im Strukturbild der Partitur zeigt sich zum Einen eine *extreme Dichte* in der Kodierung, was angesichts der auditiven *Stille* der Szene und der relativen *Bewegungslosigkeit* der Akteure im Video durchaus in der Analyse erstaunt. Erst in einer Feldpartitur wird offenbar das „Unsichtbare" und „Unhörbare" sichtbar und bewusst. Die von der Schülerin gewählte Körpergeste lässt in der vertieften Betrachtung ein ganzes Spektrum an möglichen Bedeutungszuschreibungen auffächern: handelt es sich eher um die Geste ‚Schlagen der Hände vor das Ge-

---

[110] Zum Zeitpunkt der Durchführung dieser Studie lag noch kein Editiermodus Codescript für die Transkription von Mimik und Gestik vor.

sicht' wie angesichts einer erschütternden Katastrophe? Oder handelt es sich um eine – eher nichtzeichenhaft motivierte – Intention, den Gesichtsverlust durch das Verdecken der Augen mit der Hand zu bewältigen? Lässt sich das Lächeln (Grinsen) der Schülerin hinter verdeckter Hand als „*verzweifelte Selbstironie*" *(FTB)* angesichts einer eskalierend-demütigenden Situation entlarven? Und welche Bedeutung könnte das unmittelbar sich an diese Geste anschließende „Reiben der Augen" beinhalten? Das äußerst schnelle Ineinanderfließen der beiden Gesten (Schlagen der Hände vors Gesicht – Reiben der Augen innerhalb von nur 0,4 sec Dauer) deutet darauf, dass die Schülerin die eher unwillkürlich geratene „Katastrophen-Geste" verbergen, und in eine konventionelle Geste (Augenreiben) umdeuten, – und nicht etwa dramatisch inszenieren – möchte. Jedenfalls wird in der Interpretationsgemeinschaft im Nachvollzug (3. Beobachtungskategorie) kohärent gedeutet: „*Diese Situation ist ganz und gar unerträglich für sie.*" (Chat 775-20)

An dieser Stelle lässt sich die Frage aufwerfen, weshalb die Schülerin dieser auch für sie offensichtlich unangenehmen Situation nicht einfach aus dem Weg geht, so wie es ja nahezu alle anderen vergleichsweise begabten oder auch unbegabten SchülerInnen der Lehrkraft (und anderer Lehrkräfte) zumeist tun. Sie könnte durch die Aktivierung der oben geschilderten und ihrer Altersgruppe durchaus angemessenen Kognition den Lagenwechsel an der entsprechenden Stelle vollziehen, und der Anweisung der Lehrkraft folgen:

L: <<*beschwörende Körpergeste*> *(f) Lesen! Lesen!*>"

Sie würde in diesem Fall mit dem Fingersatz 3-4-5 die Begleitfigur erfolgreich zu Ende führen und somit weder das Gesicht noch die Ehre verlieren. Sie tut dies aber nicht, wie das Videomaterial zeigt. Sondern es erscheint vielmehr so, als würde die Schülerin sowohl das häusliche Üben wie auch jegliche musikalische Gestaltung im Unterricht aktiv verweigern. „*Man nennt so eine Haltung glaube ich Lernwiderstand.*" (Chat 775-20). In diesem Einzelfallbeispiel geht die Schülerin also auf der somatischen Handlungsebene (ausbleibendes häusliches Üben, zeitlich gesehen im Vorfeld, nicht kodiert in der Feldpartitur) und der musikalischen Resonanzebene (siehe Feldpartitur S. 1–4) in Divergenz zur Lehrkraft.

Unter der Hypothese, dass die Schülerin den Lernwiderstand nicht grundlos durchführt, sondern eine für sie sinnvolle Strategie verfolgt, lässt sich über den Gesamtzusammenhang rekonstruieren, dass der dauerhaft angewandte Lernwiderstand der Schülerin ihr zu einer machtvollen Position im Unterrichtsgeschehen verhilft: die Strategie der Lehrkraft scheitert am ausbleibenden Üben der Schülerin. Die Bedeutung der Machtposition der Schülerin ist an dieser Stelle nicht zu unterschätzen, denn die Lehrkraft ist im Unterrichtsgeschehen angewiesen auf die Mit-Aktivität des Anderen, der Schülerin. Bleibt diese aus, bleibt auch der Lehrerfolg der Lehrkraft aus. Neben dieser psychischen Machtposition ist innerhalb des bestehenden Lehrauftrages auch die finanzielle Abhängigkeit der

Lehrkraft von den zahlungswilligen Eltern seiner SchülerInnen zu betrachten: *„Es gibt ein eindeutiges Machtgefälle: Geldgeber (Eltern) – Lehrer – Schülerin" (Chat 775-20).*

Wie in der Gesamtpartitur Internetbeigabe auf Seite 8 zu entnehmen ist, begibt sich die Schülerin mit dem Zweck der Selbstverteidigung aus der verborgenen, defensiven Körperposition, in welche sie hineinmanövriert wurde (oder sich hineinmanövriert hat) zurück in den Mittelpunkt des Geschehens, und sie ergreift mit Vehemenz das Rederecht. Sie tut dies laut und in hoher Geschwindigkeit, wie in einem *„schnellendem Bewegungsgestus" (Chat 775-20)* und mit einer deutlichen Lautstärke:

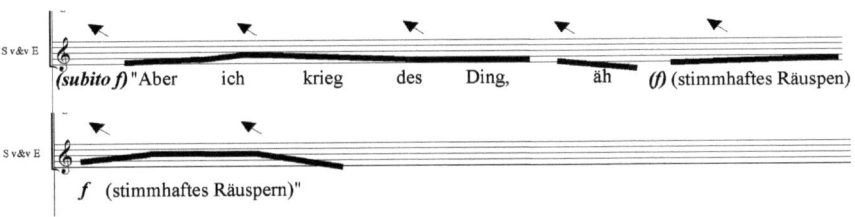

Bemerkenswert erscheint mir an dieser Stelle zunächst die Fähigkeit der Schülerin, sich erfolgreich und überraschend aus dem in-sich-zusammengefallenen Gestus einer Geschlagenen in die Position der Verteidigung zurück zu begeben. Aber welche Waffen stehen der Schülerin für ihren Gegenangriff zur Verfügung und in welcher Weise ist sie kompetent, diese im Gefecht wirksam einzusetzen?

Bei der Betrachtung der Kommunikationshandlung der Schülerin (FP S. 8) an dieser Stelle lassen sich zwei Aktivitätsebenen beobachten: die Ebene der verbalen Explikation – die Schülerin wählt hier die Bezeichnung „*das Ding*" für das Arbeitsstück und das stimmhafte Räuspern, sowie die Aktivitätsebene der bereits geschilderten emotionalen und leiblichen Resonanz (Kodes „Leibspannung" und „Peinlichkeit").

Die Bezeichnung „das Ding" lässt sich zunächst inhaltlich interpretieren. Angesichts der dreiwöchigen, unter hohem Aktivitätsstatus durchgeführten Bemühungen der Lehrkraft erscheint diese Bezeichnung als herablassend und abwertend. Immerhin bemüht sich die Lehrkraft, mit dem hier ausgewählten Stück – extra für AnfängerInnen besonders leicht arrangiert – eines der (für die Lehrkraft) wichtigsten musikalischen Themen der westlichen Musikgeschichte zu vermitteln. Es lässt sich darüber spekulieren, ob der Grad der Provokation, die aus dem Mund der Schülerin der hochkulturgeprägten Lehrkraft geradezu als eine ‚Entweihung der Musik schlechthin' erscheinen muss, in seiner Ausprägung der Schülerin bewusst ist. In der Interpretationsgemeinschaft wird die Orientierung der Divergenz im Sinne einer *„Rebellion"* der Schülerin gegenüber der Autorität der Lehrkraft durchaus deutlich wahrgenommen: *„Sie wirkt (...) affektiert – das* *ist für den Lehrer nicht leicht – er muss sie für unmusikalisch und unmotiviert halten, eine ungezogene Göre, faul und blasiert." (Chat 775-20).* Das Verhalten der Schülerin wirkt offensichtlich nicht nur auf die Lehrkraft, sondern auch auf Beobachtende des Videobandes provokativ: *„Ich bin schon wütend auf die Schülerin" (Chat 775-20)* und *„Sie regt mich extrem auf" (Chat 775-20).*

Die verbale Äußerung der Schülerin wird aber nicht nur durch die Wahl eines subtil-verletzenden Inhaltes, sondern auch mittels hoher Geschwindigkeit kommuniziert. Übertragen auf die gewählte Kampf-Metapher: der Ausruf „das Ding" ist der Säbel im Gefecht, der in einem schnellem, plötzlichen Bewegungshabitus gezogen wird.

Der weitere Verlauf zeigt, dass die Schülerin nicht über eine ausreichende Kompetenz verfügt, ihre Verteidigung erfolgreich zu Ende zu führen: die Stimme der Schülerin versagt noch während des Säbelzuges ihren Dienst, und sie bricht kläglich in sich zusammen. Nach dem Scheitern des verbalen Säbelzuges wird die Geste jedoch nicht abgebrochen, sondern der Angriff wird auf einer anderen Kubusebene fortgeführt. Die „Räuspergeste" wird ja nicht als funktionales Räuspern (z. B. hinter vorgehaltener Hand) vollzogen, sondern dazu genutzt, die Divergenz der Schülerin gegenüber der Lehrkraft zu transportieren: die Schülerin gestaltet das Räuspern unter starkem Pneumaldruck mit lauter Sprechstimme (f), und führt dabei in einem als *„exaltiert" (FTB)* zu bezeichnenden Duktus ein ausladendes Stimmglissando nach oben und wieder zurück in die normale Sprechtonhöhe aus (vergleiche Stimmführung in der Partitur). Diese im Videomaterial deutlich hervortretende Räuspergeste wird in der Interpretationsgemeinschaft als divergierende Orientierung kodiert: *„Es sträubt sich alles in ihr – das hörst du am Räuspern." (Chat 775-20).* Die Forschenden interpretieren an dieser Stelle die Divergenz der Schülerin innerhalb des Geschehens im Sinne eines *„verzweifelt[en] Räuspern[s]" (ebd.)* innerhalb der angespannten emotionalen Situation. Gleichzeitig mit dem Räuspern windet die Schülerin erneut das Gesicht tief in den Schal. Die Interpretationsgemeinschaft äußert sich zu dieser Szene: *„Das Mädchen windet sich in den Schal und zappelt dabei wie auf dem Folterstuhl" (ebd.).*

Was könnte der Grund für dieses abrupte Wechselspiel zwischen aktiver Verteidigung und Rückzug im Verhalten der Schülerin sein? Es lassen sich auch hier wieder verschiedene Perspektiven finden: Vielleicht führen die zugrunde liegende innere Anspannung und Nervosität zu einem kurzzeitigen vegetativ bedingten Zusammenbruch der Sprechstimme. Vielleicht versagt der Schülerin angesichts der eigenen unwillkürlich hervorgetretenen Courage zum Angriff der Mut, die Divergenz im Gefecht gegenüber der Lehrkraft zu einem tatsächlichen Ende zu führen; eine weitere Möglichkeit könnte nicht zuletzt auch darin liegen, dass die Schülerin mit Migrationshintergrund über einen eingeschränkten verbalen Sprachschatz verfügt und daher verbale Mittel der Auseinandersetzung nicht wirksam einzusetzen gelernt hat.

Festzuhalten an dieser Stelle ist, dass die Lehrkraft die kommunikativen Gesten der Schülerin in ihrem Aussagegehalt *nicht zu deuten* und folglich *nicht sinnstiftend ins Unterrichtsgeschehen zu integrieren* weiß. Während in anderen Fallbeispielen der hier genannten Studie aus der Divergenz der SchülerInnen entscheidende Impulse für die Entwicklung einer Unterrichtsstrategie gewonnen werden konnten, werden in diesem Einzelfall die Bedeutungsträger der Schülerin aus der Kommunikationshandlung *ausgeschlossen:* sowohl die provokative Bezeichnung „das Ding" wie auch das verzweifelte Räuspern der Schülerin – werden von der Lehrkraft nicht – beispielsweise nachfragend – in den ‚Gemeinsamen Lebensraum'[111] des aktuellen Unterrichtsgeschehens integriert, sondern sie werden von diesem ausgeschlossen.

In der Feldpartitur ist zu sehen, in welcher Weise dieser Vorgang einer ausbleibenden Sinnbildung mikroprozessual vor sich geht: der Angriff der Schülerin wird von der Lehrkraft auf *keiner* der vier Aktivitätsebenen beantwortet. Die Lehrkraft behält in gleichsam unveränderter Weise den aufrechten Stand neben der aufgeregt agierenden Schülerin bei, blickt ruhig auf den Notentext, die Hände bleiben selbst während des exaltierten Stimmglissandos still und unverändert hinter dem Rücken verschränkt. Sie ‚re-agiert' weder zu diesem noch zu einem späteren Zeitpunkt auf die Angriffsgeste der Schülerin. Im Gemeinsamen Lebensraum wird selbst die Aktivität der Separation nicht kodierbar. Sondern es scheint vielmehr, als würde in diesem Teilaspekt der Kommunikationsgehalt nicht verständigt werden können. Die Lehrkraft kommuniziert in diesem *Teilaspekt* des kommunikativen Gefüges also *nicht*[112].

Kodiert ist bei der Lehrkraft demnach ausschließlich die Aktivität habitualisiert-hintergründiger Divergenz auf der Ebene emotionaler Resonanzen (wie bereits ausgeführt wurde), die jedoch nicht als eine zeitlich eingepasste Re-Aktivität auf die Aktivitäten der Schülerin zu verstehen ist, sondern als eine bleibende Divergenz des Hintergrundes, wie bereits oben geschildert. Die über einen langen Zeitraum bestehende, unveränderliche Divergenz lässt sich in diesem Zusammenhang gleichsam wie die Funktion eines *Schutzschildes* gegen die Äußerungen der nun selbst als *machtlos* zu bezeichnenden Schülerin interpretieren, welches jegliche Annäherung (Konvergenz) im Sinne der Konstitution eines Gemeinsamen Lebensraums wirksam unterbindet.

---

[111] Kategorie des Kongruenzfeldmodelles, welches an dieser Stelle aus Gründen des Umfangs nicht ausgeführt wird. Moritz 2010 S. 245 ff.
[112] Dem Axion der Unmöglichkeit, nicht nicht zu kommunizieren (Watzlawick 2007) wird an dieser Stelle nicht widersprochen, denn auf der Ebene der kommunikativen Gesamthandlung wird auf hier kommuniziert. Auf mikroprozessualer Ebene allerdings ist das machtvolle Mittel der Nichtkommunikation durch Nicht-Aktivierung einzelner Aktivitätsebenen (nicht zu verwechseln mit der Kodierung Separation, siehe oben) durchaus möglich, wie in der Studie an etlichen Stellen aufgezeigt werden konnte.

Bei der weiteren Analyse dieser tragischen Sequenz erscheinen die beiden Akteure zunächst wie dazu verdammt, die eigenen Positionen im Gefecht nicht nur beizubehalten, sondern aufgrund der zwingenden Eingebundenheit in die sozialen Rollen des Klavierunterrichts permanent neu zu konstituieren. Der Sinnhorizont der Lehrkraft „es sind doch nur vier Töne" und der Sinnhorizont der Schülerin „Spielverweigerung" stehen sich scheinbar endlos und konfrontierend gegenüber. Es geht aber – wie im Folgenden zu lesen sein wird – um ein tieferliegendes und grundlegendes Miss-Verständnis in diesem Unterricht.

Als die Lehrkraft säbelschwingend ruft: „<f>Ja! *(Handgeste: zeigen auf Notentext) Aber>* <p>(unverst.)> *Ich hab Dir schon einen Kreis (Handgeste Kreismalen in die Luft) (S: stimmhaftes Räuspern) drumgemacht>. Ich kann dir noch ein Ausrufezeichen (Handgeste ‚Tippen in die Luft') dazumalen, oder auf was reagierst Du (S, schüttelt den Kopf „Nee-nee."). Ich kann 'ne Brille dazumalen. (beschwörende Geste ‚Tippen mit zwei Fingern auf Augenhöhe nach vorne in die Luft')* <f> *Lesen! Lesen!>"* (Partitur S. 12–14)

Während dieser kettenförmigen Säbelhiebe der Lehrkraft verlässt die Schülerin nämlich völlig unerwartet den Gefechtsraum und lässt auf diese Weise die Verlautbarungen der Lehrkraft ins Leere laufen. Zwar vermeidet sie die Beschämung der Lehrkraft, indem sie ihr eine Antwort auf die Säbelhiebe gönnt: „(p) nee-nee" es sei nicht nötig, auch noch ein Ausrufezeichen in die bereits mehrfach markierte Notenstelle hineinzumalen. Mikroprozessual interessant ist aber schon an dieser Stelle, dass die Schülerin die Stimmhöhe inkongruent zur Stimmhöhe der Lehrkraft wählt. Dies kann bereits als ein erstes empirisches Merkmal für die erfolgte Distanzierung der Schülerin von der Lehrkraft interpretiert werden: während dieser Zeit wechselt die Schülerin unbemerkt die Aktivitätsebene innerhalb des Kommunikationsgeschehens und somit ihre Stellung im Gefecht. Sie ‚pariert' nicht auf Augenhöhe wie vorab – Säbelhiebe mit scharfer Zunge – sondern sie springt auf dem Höhepunkt der Divergenz der Lehrkraft in eine völlig neue Gefechtsposition. Noch während des crescendierenden Sieges-Zuges der Lehrkraft (Feldpartitur Internetbeigabe, S. 14), also während des in Forte und unter der „Beschwörungsgeste" ausgerufenen Verzweiflungsruf des Lehrers „Lesen! Lesen!" – schleicht sich die Schülerin in den Hinterhalt. Sie vollzieht dies, indem sie zunächst Tonhöhe und Lautstärke der Lehrkraft synchron einschwingt: zunächst nahtlos übernimmt sie den Sprechhabitus der Lehrkraft (ihre Stimme setzt in Form eines Akzentes mezzoforte ein), anschließend jedoch führt die Schülerin – unterstützt durch eine vergleicherweise statisch nach-vorne aufs Notenpult gestützte, selbstbewusste Körperhaltung – die Sprechstimme in ein *„beschwörendes piano"*.

Zweimal murmelt sie:

Einzelfallbeispiel 1: „Das Duell" 101

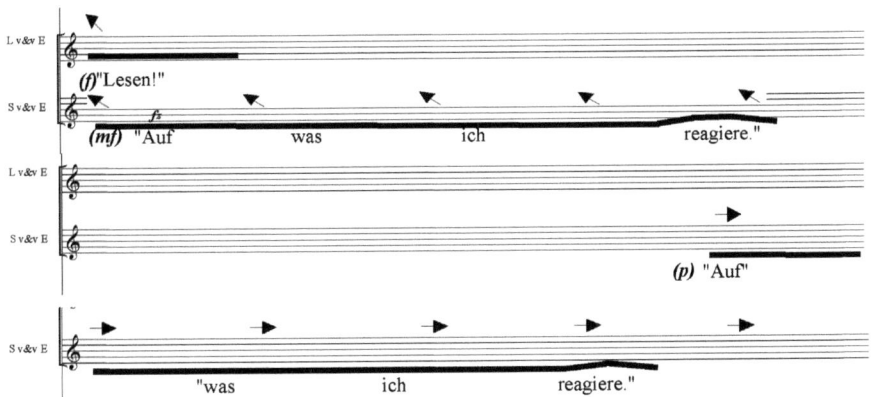

Diese verdoppelte, dynamische decrescendo und im ritardando (siehe Zeitabstände in der Feldpartitur) geführte Explikation nimmt der säbelschwingenden Lehrkraft gleichsam das Gegenüber und führt die Gesamtsituation – bislang kraftvoll nach außen gelenkt – mit einemmal nach *innen:* Es wird durch diese Äußerung der Schülerin für einen Augenblick sehr still im Klavierunterrichtszimmer.

Die Stille, zu deren Beginn weder die Lehrkraft noch die Schülern sich bewegen (mit Ausnahme einer gleich bleibenden, langsamen Drehbewegung der Schülerin an einer Franse ihres Schals) dauert in seiner gesamten Länge 4,9 Sekunden (!) an. Es gelingt der Schülerin offensichtlich für einen kurzen Moment, einen eigenen Raum (unter Bezugnahme auf das Ergebnismodell der Studie: einen Gemeinsamen Lebensraum) im kommunikativen Gefüge zu erobern. Die Lehrkraft schweigt an dieser Stelle erstmals, und blickt die Schülerin ruhig und direkt an. Auch die zuvor den physischen Raum zwischen den beiden Akteuren beherrschenden Handgesten halten in diesen Augenblicken inne, ganz offenbar führt (Ebene der IO, siehe II/1.2.) die Schülerin das Geschehen. Zwar verlässt die Lehrkraft diesen *„Bann" (Chat 775-20)* schon nach 2,8 sec, indem sie den Blickkontakt zur Schülerin nahezu unbemerkt löst und nach 3,2 sec, indem sie sich physisch sehr langsam der auf dem Flügel stehenden Teetasse zuwendet und diese ebenfalls sehr langsam zum Mund führt. Dennoch bleibt die aufmerksame Stille der Gesamtsituation bestehen. Mitten hinein in diesen – angesichts der vorigen Gefechtszüge geradezu kunstvoll konstruierten – Gemeinsamen Lebensraum beantwortet die Schülerin subtil und mit einem leisen Lächeln unterlegt die Frage der Lehrkraft, worauf sie denn reagiere:

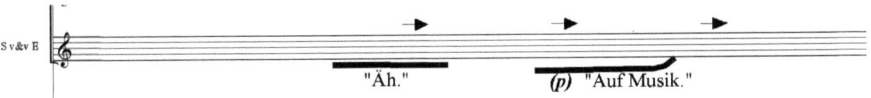

Die langsame Bewegungsfolge ‚Teetasse-zum-Mund' der Lehrkraft lässt an dieser Stelle ein kurzes Innehalten beobachten: der Bewegungsfluss stockt für einen Augenblick, und die Augenbewegungen der Lehrkraft beschreiben eine kurze, schnelle Bewegungsfolge im Raum. *„Das kurze Innehalten der Teetasse – [die Lehrkraft] ist verblüfft über diese Antwort."* (Chat 775-20) [Partitur 775-20, S. 21]. Nach dieser kurzen Irritation des Bewegungsablaufes trinkt die Lehrkraft einen Schluck Tee, und murmelt sofort daran anschließend in Lautstärke (p) ein leises „Aha." (Feldpartitur Internetbeigabe, Seite 21)

Die Interpretationsgemeinschaft äußert sich lebhaft zur Äußerung der Schülerin. Sie eröffnet mit dieser Äußerung bei aller äußeren Leisigkeit dennoch einen Kontrapunkt, einen *„Schlagabtausch – verbal und musikalisch."(Chat 775-20)"*, der zwar nach wie vor eingekleidet in konvergent-nonverbale Explikationsgesten verbleibt – jedoch die *Divergenz* der beiden Sinnhorizonte nunmehr drastisch aufzeigt. *„,Auf Musik' – da gibt sie ihm Kontra!"* (ebd.) Die Schülerin vermittelt hier auf kurze und prägnante Weise ihre Intention. Zwar befindet sie sich in einem Musikunterricht, jedoch *„was sie spielt, ist für sie keine Musik."(ebd.)* Aus diesem Grund ist das Empfinden einer eigenen musikalischen Resonanz für die Schülerin unmöglich: *„Das Musikstück hackt sie runter, das ist für sie keine Musik. Das ist für sie etwas Theoretisches."* (ebd.) Es wird an dieser Stelle offenbar, dass ihre Lebenswelt eine gänzlich andere ist als die der Lehrkraft – *„Lehrermusik und Schülermusik sind völlig verschiedene Sachen"* (ebd.), weil das im Hintergrund der Schülerin bestehende Wissen, Können und auch ihre Erfahrung mit Musik offenbar mit der Musik der Lehrkraft nicht viel gemein haben: *„Na sie hat eine andere Vorstellung was Musik ist"* (ebd.) Nachvollziehbar erscheint: *„Freude schöner Götterfunken hat nichts mit der Lebenswelt dieser Schülerin zu tun."(ebd.)*

An dieser Stelle im Unterrichtsgeschehen bemüht sich die Schülerin jedoch bemerkenswerterweise darum, ihren eigenen Hintergrund einzubringen, indem sie den Säbelwirbel der Lehrkraft zunächst ignoriert, und statt dessen einen eigenen Kommunikationsraum eröffnet. In den Kategorien des Ergebnismodells gesprochen: sie ist in der Lage, einen Gemeinsamen Lebensraum zu initiieren. Staunenswerterweise ist die Schülerin an dieser Stelle kompetent, diesen Raum nicht nur herzustellen, sondern ihn auch durchzuführen. Sie implementiert allerdings – in einem vergleichbar harmlosen Gewand wie zuvor durch die Bezeichnung „das Ding" – gleichzeitig mit der Aussage „auf Musik" die *grundsätzliche Infragestellung des gesamten Unterrichts* und fordert implizit eine radikale Veränderung des Unterrichtsablaufs.

Es erstaunt daher nicht, dass die Lehrkraft zwar zu einem *(f)* „Ja-" ansetzt, jedoch an dieser Stelle für einen Augenblick nicht in der Lage ist, sich innerhalb dieses Gemeinsamen Lebensraumes zu verständigen oder gar zu re-agieren. Son-

Einzelfallbeispiel 1: „Das Duell"

dern es scheint, als wäre die Lehrkraft für einen kurzen Augenblick lang *irritiert*[113], und als hätte in der Tat die Schülerin an dieser Stelle das habitualisierte Muster der Divergenz, das „Schutzschild" der Lehrkraft hinterrücks durchbrochen. Die Lehrkraft verfügt offenbar in diesem Moment über kein Handlungsmuster.

Diese Form der Divergenz der Schülerin weist dabei in seiner Intention konstruktiv nach vorne: *„Sie macht Vorschläge wie die Stunde für sie interessanter werden kann."* (Chat 775-20) sie bietet einen Vorschlag, sie möchte ein anderes Unterrichtsstück, ein Stück, welches sich im Musikunterricht mit der Bezeichnung Musik verbinden lässt, *„nämlich (...) das, was sie unter Musik versteht"* (Chat 775-20) *„Vielleicht etwas, mit dem sie auch etwas verbindet"* (Chat 775-20).

Der abschließende Schlagabtausch zwischen den beiden Akteuren lässt sich vergleichsweise schnell erzählen: Die Lehrkraft begibt sich nach kurzer Irritation im Unterrichtsgeschehen wieder in die eigene ‚Kampfhaltung' zurück, und bezieht erneut die eigene, sichere und vermutlich vertraute Position. Die Einladung der Schülerin zu einem ‚Gemeinsamen Lebensraum' wird abgewiesen. Die Lehrkraft versucht in den folgenden Redewechseln erneut, die Schülerin von der eigenen Position zu überzeugen:

> L: *„Aber die Musik machst doch Du selbst gerade."*

Die Lehrkraft aktiviert erneut den bereits oben erwähnten ‚lieblichen Stimmhabitus', der von der Lehrkraft insbesondere bei jüngeren Schülern angewandt wird, und angesichts der pubertierenden Schülerin nicht angemessen erscheint. Vermutlich soll erneut im Sinne einer *„Oberflächenbehandlung"* (FTB) der kommunikativen Gesamthandlung die provokante Schärfe genommen werden. Die Schülerin wagt noch einmal einen Versuch, diesesmal mit leiserer Stimme, und einer sehr eindrücklichen Körpergeste, die sich nur annähernd in Worten fassen lässt. Trotzig-mutig, gleichzeitig etwas schüchtern äußert sie während einer im Oberkörper sich kurz und schnell aufrichtenden und wieder einsinkenden Körpergeste:

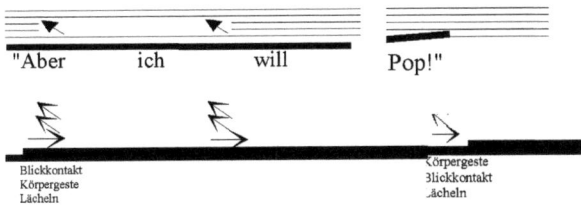

---

[113] Im Ergebnismodell der Studie wird an dieser Stelle der Kode *[Perturbation]* vergeben.

Nach weiteren 2 sec Dauer wird die Schülerin im Duell endgültig besiegt und geschlagen. Die Lehrkraft übernimmt nun ihrerseits Stimmhöhe und Lautstärke der Schülerin, antwortet eindringlich mit einem ernsten Gesichtsausdruck:

> L: *(L blickt langsam in den Raum; unwillkürliche Handbewegungen).* „Haben wir auch schon gespielt."
> S: „Wo (↓)"
> *(...)*
> L: *Nur hast Du da auch nicht mehr geübt."*

Das Duell zwischen den beiden wurde noch einige Zeit fortgeführt. „*Am Ende hat sie gar nicht mehr [geübt]."* Die Lehrkraft erzählt im Interview: „*(...) Ich hab ihr dann, einfach dass sie Abwechslung hat, versucht, aus verschiedenen Klavierschulen, von leichten Boogie-Stückchen bis äh, zweistimmige Menuettle, äh, einfach Kopien zu machen, dass sie stilistisch einfach alles, aber es war alles technisch auf dem gleichen Level. Und nur mit großer Mühe ein Stück überhaupt soweit hinzukriegen, dass mans, ja, einigermaßen sicher durchkriegt hat. (...)"* (775 AG II) Während die letzte Unterrichtsphase mit der Schülerin immerhin noch geprägt war von Widerstandverhalten – „*Sie ist schon reingekommen, in, in den Unterricht und hat sich hingesetzt und hat die Noten umgedreht (lacht stimmlos). Also, aufs Pult g'stellt. Aber (IV verkehrt herum?) Ja. (1 sec) Und dann hab ich gesagt, ja, äh, kannst Du jetzt überhaupt Deine Noten lesen, und so hab ich sie so ein bisschen aus der Reserve gelockt <<mit verstellter Stimme> ‚das will ich gar nicht'>. Und so. (lacht stimmhaft)."* (775 AG II), zeichnet sich die Beendigung des Lehr-Lernverhältnisses durch die beiderseitige vereinseitigte Divergenz mit Tendenzen zur vollständigen Separation der Lebenswelten aus: „*Am Schluss war es da wirklich so, ich hab das dann (...) wirklich den Eindruck gehabt, sie sperrt sich einfach gegen alles, sie will das einfach nicht mehr. Und dann kann man da nichts mehr [machen] (...)"* (775 AG II). Am Ende führte das Duell in die Destruktion der Beziehung: die Schülerin verlor das Duell – mit ihr jedoch gleichermaßen die Lehrkraft.

Fazit: Das Instrument Feldpartitur war in dieser Studie das notwendige Hilfsmittel, mikroskopische Handlungsprozesse innerhalb einer gegenwärtigen Situation explorativ zu erfassen und zu untersuchen. Die Feldpartitur bündelte unterschiedliche Zugänge zur Erfassung in Form von Beobachtungskategorien (BK) der direkten Beobachtung von Ereignissen im Video (1.BK), der Zuschreibung von Bedeutung durch fallinternen Vergleich (2.BK) sowie der Zuschreibung von Bedeutung durch Interpretierende (3.BK). Diese Zugänge ermöglichten eine detaillierte Rekonstruktion der intrasubjektiven Aktivitäten der Beteiligten, die dazu beitrug, die sich überwiegend durch den Faktor Zeitlichkeit konstituierenden Kommunikationsprozesse (Entstehung von Kongruenzfeldern bis hin zu einer „intrasubjektiven Synchronizität" auf allen vier Kubusebenen) zu entdecken.

2 Fallbeispiel 2: Ein Hund fährt schwarz"

In diesem zweiten Einzelfallbeispiel[114] soll in Kürze ein Auszug aus der Publikation Reichertz, Englert 2010 angeführt werden. Es handelt sich um die Analyse von Teilen einer Fernsehsendung (24-Stunden-Reportage, „Cops und Kontrolleure", ausgestrahlt am 07.02.2010 im Sender SAT1) mit dem Verfahren der hermeneutischen Wissenssoziologie {Hitzler 1999 #177}. Die Forschungsarbeit ist Teil eines Projekts, das sich mit der Frage beschäftigt, welche Normen im Fernsehen thematisiert werden und wie das Fernsehen selbst diese Normen bewertet.

2.1 Methodische Vorgehensweise und Vorstellung des Projekts

Die hermeneutische Wissenssoziologie interpretiert Handlungen. Bei der Analyse von Bildern, Fotos, Filmen und Grafiken ergibt sich die Frage, welches Handeln Gegenstand der Untersuchung sein soll. Hier gilt es, zwischen der *gezeigten Handlung* und der *Handlung des Zeigens* zu unterscheiden. Mit Ersterem wird das Geschehen bezeichnet, das mit Hilfe des Bildes aufgezeichnet und somit im Bildfeld gezeigt wird, mit letzterem der Akt der Aufzeichnung und Gestaltung, also der Akt des Zeigens durch die Gestaltung des Bildes (siehe zur Kamerahandlung (Raab 2002), zur Kamera als Akteur Reichertz, Englert 2010)

Methodisch verfolgt eine hermeneutische Wissenssoziologie *idealtypisch* folgenden Weg:

1. Einzelne Bilder des Videos werden offen kodiert, um zu ermitteln, welche Kategorien und Elemente das Notationssystem erfassen soll.
2. Es wird ein sekundengenaues Protokoll der verschiedenen Einstellungen *(takes)* erstellt.
3. Durch Sichtung der *takes* werden zusammenhängende *Handlungszüge (moves)* der Kamera ermittelt. Diese Handlungszüge sind die zentralen Analyseeinheiten. Die ‚Feinheit' dieser Analyseeinheiten richtet sich nach der Fragestellung des Projekts.
4. Parallel dazu werden auf einer Partitur alle wesentlichen, also alle handlungsrelevanten Teile und Elemente der Kamerahandlung in beschreibender oder kodierter Form abgetragen.

---

[114] Der Text dieses Kapitels, direkt übernommen aus www.feldpartitur.de/anwendungsbeispiele, bezieht sich auf die Veröffentlichung Reichertz/Englert 2010. Er wurde von den beiden AutorInnen Reichertz und Englert verfasst und für die hier vorgenommene Veröffentlichung freundlicherweise zur Veröffentlichung freigegeben.

5. Auf einer Partitur werden parallel dazu alle wesentlichen, also alle handlungsrelevanten Teile und Elemente der Handlung vor der Kamera in beschreibender oder kodierter Form abgetragen.

Am Ende der Analyse ist man angekommen, wenn ein hoch aggregiertes Konzept, eine Sinnfigur gefunden bzw. mit Hilfe des Protokolls und des Videos konstruiert wurde, das alle Elemente zu einem sinnmachenden Ganzen integriert und im Rahmen einer bestimmten Interaktionsgemeinschaft verständlich macht. Die Validität der auf diese Weise gewonnenen Ergebnisse resultiert zum einen aus der Nachvollziehbarkeit der Dateninterpretation und zum anderen aus der methodisch kontrollierten Verbindung von Fragestellung, Fall, Datenerhebung und Datenauswertung.

Das Ergebnis der Datenanalyse war, dass es der Kamera in dem gezeigten Konfliktfall gerade um das Spannungsverhältnis von Legalität und Legitimität geht, sondern um das Wohlbefinden der Beteiligten. Sie macht sich zum Anwalt des inneren Wohlbefindens der Zuschauer. Sie kämpft für das Recht, sich durch zu mogeln, statt sich zu streiten. Streit, Konflikt, Wut, Aggression und ungehöriges Benehmen sind zu vermeiden. Ruhe ist die erste Bürgerpflicht. Die innere Unruhe ist zu befrieden. Damit legt die Kamera dem Zuschauer das nahe, was ihm gefällt, und damit entwirft und verfolgt die Kamera eine Strategie der ‚inneren Führung', die mittels Selbstführung aktiv darum bemüht ist, Unruhe zu vermeiden. Fremdzwang wird in Selbstzwang, Fremdführung in Selbstführung umgewandelt. Wenn innen Ruhe ist, dann auch außen Ruhe. Damit bietet die Kamera eine bestimmte Form von *Governance* an.

2.2 *Exemplarischer Einblick in eine HaNoS-Transkription*

Die Feldpartitur im HaNoS-System gliedert sich in zwei Kategorien, die Kamerahandlung und die Handlung vor der Kamera. Die Kamerahandlung umfasst die Kategorien Handelnde Kamera (Stand/Handkamera, Kadrierung, Einstellung, Schärfentiefe, Perspektive, Autonomie der Kamera, Tempo und Farbe), Kommentierende Kamera (Voice over, Stimme aus dem off, Verfremdungen, Musik, Geräusch, Text) sowie Montierende Kamera (Schnitt, Zeitlupe/raffer). Diese projektspezifisch entwickelten Kategorien können in der Feldpartitur-Software wiefolgt dargestellt werden.

Fallbeispiel 2: Ein Hund fährt schwarz"

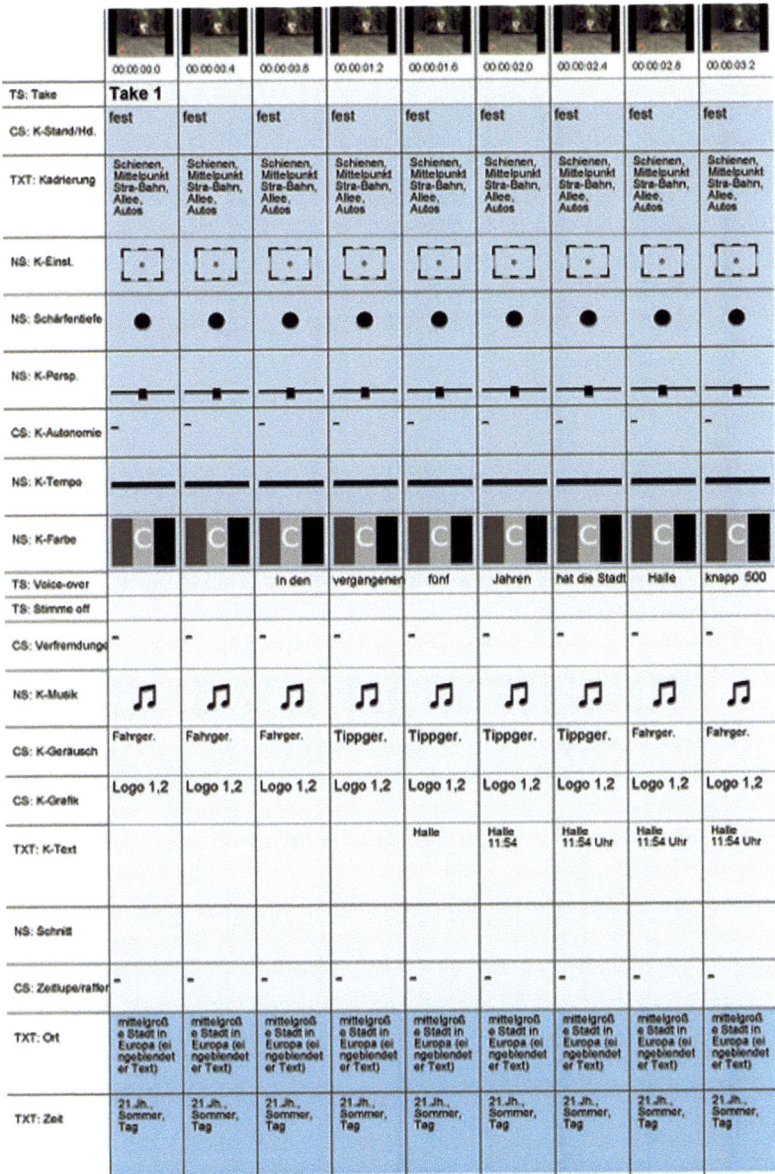

Abbildung 8 Erste Subkategorie „Handelnde Kamera", alle fünf Editiermodi frame-by-frama-Analyse, transcript, notescript, codescript. Text. Software feldpartitur basic (Stand: Mai 2011)

	00:00:00.0	00:00:00.4	00:00:00.8	00:00:01.2	00:00:01.6	00:00:02.0	00:00:02.4	00:00:02.8	00:00:03.2
TS: Voice-over			In den	vergangenen	fünf	Jahren	hat die Stadt	Halle	knapp 500
TS: Stimme off									
CS: Verfremdunge	-	-	-	-	-	-	-	-	-
NS: K-Musik	♫	♫	♫	♫	♫	♫	♫	♫	♫
CS: K-Geräusch	Fahrger.	Fahrger.	Fahrger.	Tippger.	Tippger.	Tippger.	Tippger.	Fahrger.	Fahrger.
CS: K-Grafik	Logo 1,2	Logo 1,2	Logo 1,2	Logo 1,2	Logo 1,2	Logo 1,2	Logo 1,2	Logo 1,2	Logo 1,2
TXT: K-Text					Halle	Halle 11:54	Halle 11:54 Uhr	Halle 11:54 Uhr	Halle 11:54 Uhr
NS: Schnitt									

Abbildung 9   Zweite Subkategorie „Kommentierende Kamera". Voice-Over-Kommentar der Reportage im Editiermodus transcript: Sprechen wird entsprechend der Sprechgeschwindigkeit unterhalb der frames notiert. Software feldpartitur basic (Stand: Mai 2011)

	00:00:00.0	00:00:00.4	00:00:00.8	00:00:01.2	00:00:01.6	00:00:02.0	00:00:02.4	00:00:02.8	00:00:03.2	00:00:03.6
TXT: Ort	mittelgroß e Stadt in Europa (ei ngeblendet er Text)	mittelgroß e Stadt in Europa (ei ngeblendet er Text)	mittelgroß e Stadt in Europa (ei ngeblendet er Text)	mittelgroß e Stadt in Europa (ei ngeblendet er Text)	mittelgroß e Stadt in Europa (ei ngeblendet er Text)	mittelgroß e Stadt in Europa (ei ngeblendet er Text)	mittelgroß e Stadt in Europa (ei ngeblendet er Text)	mittelgroß e Stadt in Europa (ei ngeblendet er Text)	mittelgroß e Stadt in Europa (ei ngeblendet er Text)	mittelgroß e Stadt in Europa (ei ngeblendet er Text)
TXT: Zeit	21.Jh., Sommer, Tag	21.Jh., Sommer, Tag	21.Jh., Sommer, Tag	21.Jh., Sommer, Tag	21.Jh., Sommer, Tag	21.Jh., Sommer, Tag	21.Jh., Sommer, Tag	21.Jh., Sommer, Tag	21.Jh., Sommer, Tag	21.Jh., Sommer, Tag
TXT: Requ-Ort	flüssiger St raßenverk ehr - Norm albetrieb>	flüssiger St raßenverk ehr - Norm albetrieb>	flüssiger St raßenverk ehr - Norm albetrieb>	flüssiger St raßenverk ehr - Norm albetrieb>	flüssiger St raßenverk ehr - Norm albetrieb>	flüssiger St raßenverk ehr - Norm albetrieb>	flüssiger St raßenverk ehr - Norm albetrieb>	flüssiger St raßenverk ehr - Norm albetrieb>	flüssiger St raßenverk ehr - Norm albetrieb>	flüssiger St raßenverk ehr - Norm albetrieb>
TXT: Requ-Pers	-									
TXT: Motiv	1 -	1 -	1 -	1 -	1 -	1 -	1 -	1 -	1 -	1 -
TXT: Akteure										

Abbildung 10   Kategorie „Handlung vor der Kamera". Die Verbalumschreibung wird im Editiermodus „Text" vorgenommen. Software feldpartitur basic (Stand: Mai 2011)

Fazit: Die so entwickelte Gesamtpartitur enthält eine nach den bestimmten Relevanzkriterien sprachlich oder zeichenhaft kodierte und somit auch fixierte Version des beobachteten Videos. Sie ist ein formalisiertes Protokoll dieser Beobachtung. Die Relevanzkriterien variieren dabei mit der Forschungsfrage und sie können und sollten während der Forschungsarbeiten überprüft und gegebenenfalls weiter entwickelt werden. Neben dieser Partitur gehört auch das Video zu dem auszuwertenden Datenmaterial. Es ist immer der letzte Bezugspunkt der Deutung, der zu Rate gezogen wird, wenn eine Notation unklar ist. Grundlage der Deutung ist also nicht die erstellte Partitur, sondern es gibt immer zwei Daten: die Partitur *und* das Video.

3   Fallbeispiel 3: Videoclip Fontaine

In diesem Textabschnitt wird exemplarisch ein möglicher Anwendungsbereich der Feldpartitur aus dem Bereich der Medienpädagogik skizziert[115]. Es handelt sich um ein Video der Kategorie Video-Eigenproduktionen. Die Analyse wurde zu Beginn des Jahres 2011 durchgeführt, verwendeten Softwaren sind zunächst EXCEL, anschließend Indesign. Vorteile des Programms lagen in der Verfügbarkeit der Software sowie den Möglichkeiten zur Visualisierung der Partitur einschließlich der Erstellung visueller Symbole. Nachteile liegen im manuellen Bildimport der einzelnen Stills sowie der aufwändigen Erstellung von Notationssymbolen.

3.1   *Methodische Vorgehensweise und Vorstellung des Projekts*

Im nachstehenden Auszug handelt es sich um ein Zwischenergebnis aus dem Stand der Dissertationsarbeit Hilt 2010, mit dem Arbeitstitel: *Vorgabe, Vorbilder, Voreinstellung, Einfluss von Technik, Format und Vorbildern in Videoeigenproduktion bei Kindern*. Die Arbeit nimmt im Stil der Grounded Theory Methodology (GTM, Strausssche Variante) Video-Eigenproduktionen elf- bis zwölfjähriger Kinder unter offener Fragestellung hinsichtlich präsentativ-symbolischer Ausdrucksformen (Langer 1984) in den Blick.

Zusammen mit weiteren Clips stammt dieses Beispiel aus dem medienpädagogischen Projekt „Wasserlauf", welches im Rahmen des Berliner Kunstfestes *48h Neukölln* 2006 mit sieben SchülerInnen der fünften und sechsten Klasse der Grundschule am Richardplatz in Berlin Neukölln stattfand. Dieses jährlich Ende Juni stattfindende, größte Kunst- und Kulturfestival Berlins ist auf „48h" und Veranstaltungsorte des namensgebenden Bezirks Neukölln beschränkt. Ein Ziel

---

[115] Dieser Textabschnitt bezieht sich auf einen Beitrages erstveröffentlicht in der Zeitschrift Medienpädagogik online (Moritz, Hilt 2011).

des Festivals ist es, „möglichst alle Bevölkerungsteile und -gruppen anzusprechen und in kulturelle Prozesse zu involvieren."[116] Es ging in dem dieser Analysearbeit zugrundeliegenden Medienprojekt um den Bezug der Kinder zum Wasser im Allgemeinen aber auch zu Gewässern in der Schulumgebung. Dazu wurde eine Filmexpedition in die nahe Umgebung, hier: im neoklassizistisch anmutenden ‚Körnerpark' Neukölln unternommen. Die im Anschluss vorgenommene Editionsarbeit der Kinder bestand im Herausschneiden von zur Weiterverarbeitung geeignet erscheinenden Sequenzen sowie dem Einsprechen von sorgfältig vorbereiteten Kommentaren.

In den meisten Fällen erarbeiteten die Kinder ihre Clips innerhalb der offenen Aufgabenstellung und kommunikativen, gemeinschaftlichen Arbeitsatmosphäre individuell (unter technischer Hilfestellung der Medienpädagogin), so dass die Clips einen sehr persönlichen Stil entfalteten. Dieses Merkmal ist für die vorliegende Forschungsfrage daher von besonderem Interesse, stellt jedoch einen hohen forschungspraktischen Anspruch an die Erfassung des Videomaterials in seiner je eigenen Erscheinung. Denn zusätzlich zum eigentlichen Videomaterial kam es spontan bei einigen Clips zu Arbeitskooperationen zwischen Kindern, die multimodal relevante Ausdruckskonsequenzen auch im Videoclip zur Folge hatten. Darüber hinaus wurden die Miniclips (durchschnittliche Einzellänge zwischen 20–200 Sekunden) von den Kindern in einzelnen, non-linearen Arrangements zusammengestellt mit dem Zweck einer öffentlichen Vorführung am Ende des Projekts. In diesem Format ist die Reihenfolge der filmischen Bestandteile (Einstellungen oder kleine Szenen) nicht vorbestimmt und zu Sequenzen bzw. einem endgültigen Film zusammengefügt. Die Betrachtenden wählen aus einem Clip-Pool selbst aus, in welcher Reihenfolge sie welche Szene oder Einstellung anschauen möchten. Dieses Arrangement ist im Sinne einer Kontextualisierung ebenfalls bei der Interpretation eines einzelnen Videoclips zu beachten. Insgesamt umfasst das Datenmaterial des genannten Projekts 33 Videoclips, darüber hinaus werden durch Datentriangulation acht Kinderzeichnungen und 26 Fotos, außerdem Feldnotizen (über das Verhalten und verbale Äußerungen der Kinder während der pädagogischen Arbeit), Feldtagebücher, Notizen der Kinder, Interviews mit den Kindern sowie, nicht zuletzt schriftlich fixiertes Chatmaterial aus einer Interpretationsgemeinschaft (Netzwerkstatt, siehe Moritz 2009) in das Projekt eingebunden. Um diesen hohen forschungspraktischen Ansprüchen zu genügen, wurde das System der Feldpartitur angewandt, da es auf der einen Seite die multikodale Transkription aller im Video auftretenden Bedeutungsträger zu erfassen, zum anderen, weitere Datenmaterialien durch unterschiedliche Formen der Zitation (Text- und Bildzitation) einzubinden hilft.

---

[116] Weitere Informationen unter: http://www.48-stunden-neukoelln.de/2010/, letzter Zugriff 24.4.2010, 13:45 Uhr.

3.2 Feininterpretation eines Videoclip

Es wird im hier beigefügten Beispiel der gemeinschaftlich erarbeitete Clip *Fontaine* der Kinder Tarek, Nadide und Amal[117], Länge 27 Sekunden, untersucht (Kamerakind ist Tarek). Der Film und die Partitur ist in einsehbarer Größe unter www.regine-hilt.de → Forschungsarbeit → Visuelle Methoden einzusehen.

Die folgende Feldparitur-Gesamtabbildung (die Abbildung umfasst im Print-Ausdruck drei DIN A4 Seiten Querformat) liefert einen Überblick über das Partiturdesign, welches am Ende der explorativ angelegten Untersuchung erstellt werden konnte:

Der gewählte Kalibrierungsgrad liegt auf X-Achse 1 sec (Zeitleiste oberste Zeile). Subskriptionszeichen in der Partitur waren zunächst Videostills für eine frame-by-frame-Analyse und als Hilfestellung für die Notation. Wie zu sehen ist, wurden in der vertikalen Y-Achse der Partitur zunächst fünf Zeilen im Zeilentypus *notescript* erstellt. Diese fünf Zeilen entsprechen nach einem langen explorativen Prozess (offenes Kodieren mit der Feldpartitur) fünf Kategorien zu relevanten struktur-ästhetischen Erscheinungsweisen im Videoclip. Darunterliegend sind in der Partitur auf Y-Achse die Transkription des *gesprochenen Wortes* im Video, clipbezogene Zitate aus der *Interpretationsgemeinschaft* von Forschenden (Moritz 2009) sowie, zuletzt, Referenzbilder vorzufinden, wenn das Videomaterial kontextuell auf weiteres Bild-/Videomaterial verweist.

Der *visuelle Gesamtaufbau* des Clips entspricht rein strukturell betrachtet zunächst dem einer Rahmung (Segberg 1996): Nach einer kurzen Introduktion durch ein *winkendes Mädchen* (siehe Feldpartitur 00:01–00:02), wird mittels Zoom-In[118] (siehe Feldpartitur 00:04–00:05) die Wasseroberfläche im Fontainebecken in den Blick genommen. Der in der Dissertation als haptischer Filmblick bezeichnete, im Projekt ganz typische Bewegungsstil des Kamerakindes zeigt die bewegte Wasseroberfläche mit ihren Spiegelungen im wechselnden Licht, anschließend Teile der Wasserbecken-Umrandung und schließlich, fokussiert, die in der Mitte sich befindenden *Rohre,* denen gelegentlich eine Fontaine entspringt (siehe Referenzbilder Feldpartitur 00:06–00:18) – *nicht* jedoch zum Zeitpunkt der Aufnahme. Es zieht sich der Kamera-Blick durch ein Zoom-Out aus dem Nahbereich zurück (siehe Feldpartitur 00:19–00:20) und gewährt schließlich in der Totalen einen Überblick über die Situation am Beckenrand. Dabei bleibt das Kind mit der Kamera an der Personengruppe am linken Bildrand hängen (siehe Feldpartitur 00:21–00:22) und schließt somit nochmals an das Bildthema des Anfangs

---

[117] Alle Namen geändert.
[118] Der Zoom, das scheinbare Heranbewegen (hier Zoom-In) oder Wegbewegen (hier Zoom-Out) von einem Motiv wird mittels Zoomobjektiv der Kamera durch eine Veränderung der Brennweite erzeugt. Der Zoom beeinflusst die Einstellungsgröße bei laufender Kamera, obwohl die Kamera selbst ihre Position nicht verändert.

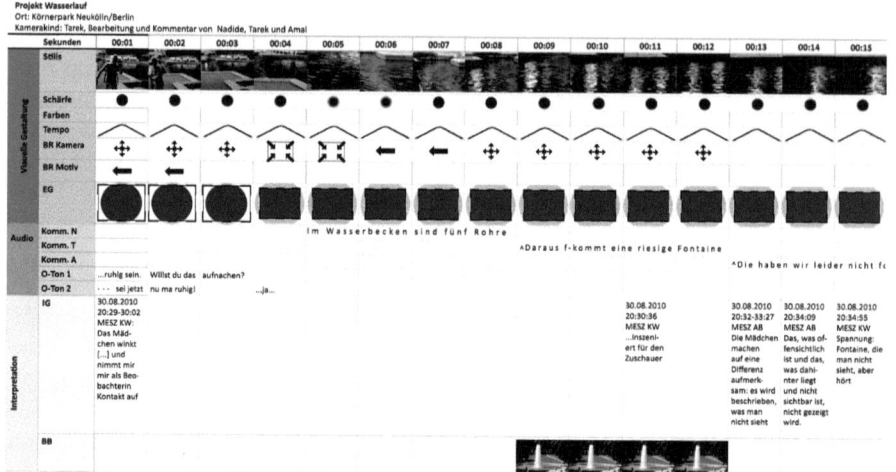

Abbildung 11 Überblick der Gesamttranskription einer Schlüsselsequenz (Dauer 27 sec) im System Feldpartitur mit der Software Adobe Indesign CS4 von oben nach unten: a) frame-by-frame-Darstellung der Einzelbilder b) Notation Filmsprache (notescript) mit Symbolen Schärfe, Unschärfe, Kamerageschwindigkeit, Kamerabewegung, Ausgleichsbewegung, Kadrage c) Notation gesprochene Sprache (transcript) d) Zitate aus der Interpretationsgemeinschaft zur Perspektiventriangulation (txt) sowie zuletzt e) Bildzitation der fallinternen Bildbezüge durch Referenzbilder. Die Partitur wird in Farbe auf der Internetseite www.feldpartitur.de/anwendungsbeispiele angeführt.

(„winkendes Mädchen") an. Die Mädchen werden, durch ein erneutes Zoom-In (siehe Feldpartitur 00:22–00:23) anvisiert und mit der Kamera beobachtet (siehe Feldpartitur 00:24–00:25). Danach entfernt sich der Kamerablick endgültig durch ein letztes Zoom-Out aus der Szenerie (siehe Feldpartitur 00:26–00:27).

Inhaltlich besteht der Clip eher aus zwei Partien: vor allem der Wasseroberfläche im Becken wird augenscheinlich viel Aufmerksamkeit gewidmet (12 Sekunden), anschließend wird eingefangen, wie die Mädchen vom Beckenrand aus mit dem Wasser spielen (6 Sekunden). Das Tempo der tatsächlichen und scheinbaren (Zoom-)Kamerabewegungen im Clip ist verhältnismäßig gleichmäßig: ⌒⌒. Das filmende Kind bemüht sich, wie die Partitur im Vergleich mit anderen Clipanalysen zeigt, um eine ruhige Kameraführung. Er versucht, während des Filmens den „Überblick" sowohl über seine Bewegungen in Bezug auf die Aufnahme als auch über die gefilmten Inhalte der Aufnahme zu behalten.

Die Kategorie Ausgleichsbewegung, in der Feldpartitur erfasst durch das Symbol ✥, wurde im Laufe der Forschungsarbeit als besondere Form der Kameraführung durch die Kinder herausgearbeitet. Sie zeichnet sich durch eine leicht kreisende Bewegungsform der Kamera mit unspezifischer Richtung aus. Wie im Symboldiagramm der Feldpartitur erkennbar ist, findet sich das Symbol für Ausgleichsbewegung an signifikanten Positionen innerhalb des Clips. Es zeigt sich bei der Analyse der Partitur der wiederkehrende Zusammenhang, dass dieses Symbol immer dann auftritt, wenn die Kamera nach einer Phase der Bewegung erneut innehält. Ausgleichsbewegungen werden – nach Vergleich dieses Ereignisses mit weiterem Videomaterial des vorliegenden Projekts – von der Forscherin als Reaktion auf unterschiedliche Erscheinungsweisen von Irritation gedeutet. Diese Irritation kann handlungspraktisch bedingt sein (wenn das Motiv durch den Sucher der Kamera verloren ging, was besonders häufig bei Detailaufnahmen vorkommt), oder kognitiv bedingt sein (wenn die räumliche Orientierung des filmenden Kindes noch gänzlich unklar scheint[119]). Die Irritation kann aber auch strategischer Art sein, dann nämlich, wenn das Filmbild nicht den Vorstellungen des/r Filmenden entspricht oder sich im Gegenwartsgeschehen des Filmens ein unerwarteter Zwischenfall ergibt. In allen diesen Fällen mit Ausgleichsbewegung ist in der Partitur am Ende einer solchen Sequenz die Symbolspur Bildschärfe ● zu finden: Die Ausgleichsbewegung endet immer mit einem deutlichen, scharfen Bild (siehe Feldpartitur 00:03, 00:12 und 00:25).

Bei der Analyse des Clips lässt sich auf diese Weise das Vorhandensein einer ästhetisch motivierten Filmidee beim filmenden Kind rekonstruieren. Unterstützt wird diese Interpretation durch die auditiven Elemente. Im Originalton der Aufzeichnung ist zu hören, wie Tarek deutlich um Ruhe bittet (siehe Feldpartitur 00:02–00:03). Schon vorher hatte er sich durch das Verhalten der Mädchen in

---

[119] Im Räumlichen Filmdiagramm nach Hilt (2010) werden die Stills überlappend zu einem Gesamtbild zusammengefügt, welches die Bewegungsgeste bzw. einzelne Bewegungspfade und Blickpunkte für eine gefilmte Sequenz sichtbar macht.

seinen filmischen Absichten einige Male gestört gefühlt (Feldnotizen). Trotzdem – oder gerade deshalb – platziert sich Tareks Kurskameradin spontan und provokant vor die Kamera just in dem Moment, wo Tarek zu filmen beginnt.

Das winkende Mädchen zu Beginn ist demnach nicht inszeniert. Audiovisuell dokumentiert wird im Film der ästhetische Ausdruckswille Tareks, der sich und auch die Kamera nicht ab-„lenken" lassen will. Die auffällig lang anhaltenden Ausgleichsbewegungen (siehe Feldpartitur 00:01–00:03) deuten darauf hin dass er zwar durchaus ein wenig „aus dem Konzept" gebracht ist, im Still 00:03 jedoch das gewünschte Ausgangsbild wiedergefunden hat. Dies wird filmästhetisch deutlich durch den erwähnten Stil des haptischen Filmblicks, der nun über die Wasseroberfläche streicht. Als beim Filmen der Wasseroberfläche nach dem Zoomen und anschließenden Ziehen der Kamera überraschend das Profil einer anderen Kurskameradin in den Sucher gerät (siehe Feldpartitur 00:07), reagiert das Kind erneut mit – dieses Mal heftigeren – Ausgleichsbewegungen.

In der Postbearbeitungsphase des medienpädagogischen Projekts wird das aufgenommene „Rohmaterial" weiter bearbeitet. Die Kinder bemerken in der Nachbearbeitungsphase, dass dieser durch Störung der eigentlichen filmischen Absicht entstandene visuelle Aufbau des Clips eine Wirkung auf die Betrachtenden hat, nämlich die Erwartung eines folgenden visuellen Höhepunktes. Das Motiv des winkenden Mädchens scheint also in der Rezeption des Clips nicht mehr störend zu sein. Die Kinder erkennen darin vielmehr einen wirkungsvollen Anfang. Auch in der Filmanalyse wird dem Filmanfang eine besondere Funktionen zugeschrieben: Er stellt ein „spezifisches und umfassendes imitatorisches Programm dar" (Hartmann 2003: 20), in welchem „Vereinbarungen mit dem Zuschauer über seine zukünftigen Abstraktionsmuster und Informationsverarbeitungsprozesse in Gestalt des werkspezifischen Invariantenmusters" angelegt werden (Wuss 1999, S. 77).

Ein solcher Anfang schürt Erwartungen, die dann aber mangels Bildmaterial nicht erfüllt werden können, denn die im Film enthaltenen, aus dem Wasser ragenden leeren Metallrohre sind ohne die Fontaine wenig spektakulär! Tarek ärgert sich zunächst (Feldnotiz), dass keine Aufnahme der Fontaine vorhanden ist. Darüber entspannt sich im zwischen den Kindern eine lebhafte Diskussion, die schließlich in einer Gruppenarbeit zu dritt zu einer *neuen*, gemeinsamen Idee führt. Durch das Sprechen und Unterlegen eines Kommentars an dieser Stelle vervollständigen die Kinder auditiv den visuellen Mangel: *„Daraus kommt eine riesige Fontaine"* (siehe Feldpartitur 00:09) Auf diese Weise gerät das ursprüngliche Ärgernis in ein kleines, changierendes Medienspiel.

Interessant für die vorliegende Interpretation des Datenmaterials ist, dass die Kinder die vorhandene visuelle Struktur einer „falschen Fährte" (Liptay 2005 und Blaser et al, 2007) des Clips nicht verwerfen, sondern im Gegenteil aufgreifen und mit den vorliegenden Gegebenheiten einen Umgang suchen. Sie eröffnen mit diesem gestalterischen und medienpädagogisch bedeutsamen Akt einen Raum

Fallbeispiel 3: Videoclip Fontaine

der Diegese (Metz 1972, S. 30 ff, siehe Ausführungen in Textabschnitt 3.1.), der sich von der vorgefundenen Wirklichkeit zu unterscheiden beginnt. Während die beim Filmen vorgefundene Wirklichkeit der Wasserspiegelungen im Aufnahmestil ‚haptischer Filmblick' tastend und ganz selbstvergessen vonstatten ging, behandeln die Kinder in der Postproduktionsphase, das Videomaterial aus einer distanzierten Perspektive. Sie beginnen, mit der entstandenen Erwartungshaltung ihrer antizipierten Zuschauer zu „spielen".

Strukturell im Video erkennbar wird dies, da sie mit dem Kommentareinsatz an einer Stelle beginnen, in welcher visuell betrachtet „nichts mehr" passiert (siehe Feldpartitur 00:05). Sie lenken an dieser Stelle die Aufmerksamkeit der Zuschauer mittels Sprechen auf ein zukünftig scheinbar wichtiges Bilddetail: auf die fünf leeren, aus dem Wasser ragenden Rohre.

Diese ergänzende, auditiv vollzogene Zeigehandlung erhöht wie die filmrhetorische Figur des Parallelismus (Monaco 2000) bereits vorhandenen Erwartungen des imaginierten Zuschauers. Dies bewirkt durch Verzögerung des Höhepunktes eine dramaturgische Steigerung. Mit der postproduktiven Kommentarunterlegung ‚*Daraus kommt eine riesige Fontaine*' (Feldpartitur 00:09) scheinen die Kinder das als visueller Höhepunkt erwartete Bild einer hervorschießenden Fontaine vorwegzunehmen: Doch dann führen sie die Inszenierung in ein Oxymoron: das Versprochene wird vorenthalten und der Zuschauer gefoppt. Belustigt lässt der im ironischen Tonfall gestaltete Kommentar verlauten, was ja schon seit 6 Sekunden zu sehen bzw. gerade nicht zu sehen war, „... *die [Wasserfontaine] haben wir <<betont, gedehnt>leider> nicht fotografiert.*" (siehe Feldpartitur 00:13).

Fazit: Die vielschichtige und adäquate Übertragung des untersuchten Clips in die diagrammatische Form der Feldpartitur zu Analyse- und Interpretationszwecken erlaubt die Herstellung des notwendigen Überblickes über das eigene komplexe Forschungsmaterial. Sowohl die gleichzeitigen, als auch die nacheinander stattfindenden Phänomene der aufgezeichneten Wirklichkeit können in der diagrammatischen Struktur funktional erfasst werden. Dies ermöglicht die reflexive Untersuchung der vorliegenden und ineinandergreifenden Strukturphänomene und Zusammenhänge im Wechsel mit dem immer wieder erneuten Betrachten des Clips. Besonders hilfreich stellt sich im vorliegenden Projekt die Einbindung weiterer Forschungsmaterialien wie Feldnotizen, Interviewtranskripte oder Referenzbilder in die Partitur sowie Zitationen aus einer Interpretationsgemeinschaft heraus. Die Feldpartitur bewährte sich in diesem Projekt als Instrument, mit welchem nicht nur die unterschiedliche und mannigfaltige Materialerscheinungen einschließlich ihrer multimodalen und multikodalen Verknüpfungen erfasst und „entdeckt" werden, sondern sie erlaubt darüber hinaus die transparente Präsentation und Dokumentation der eigenen Arbeit. Auf diese Weise ermöglicht sie es, dem Gütekriterium der Nachvollziehbarkeit näher zu kommen.

Literaturverzeichnis

Anderson, Joseph (1996): The Reality of Illusion. An Ecological Approach to Cognitive Film Theory. Carbondale: Southern Illinois University Press.
Arnheim, Rudolf (2008): Film als Kunst. 3. Aufl. Frankfurt a. M.: Suhrkamp (suhrkamp taschenbuch wissenschaft).
Atkinson, J. M. l.; Heritage, J. C. (Hg.) (1984): Structures of Social Action. Studies of Social Action: Studies in Conversation Analysis. Cambridge: Cambridge Univ. Pr.
Aufenanger, Stefan (2008): Mediensozialisation. In: Sander, Uwe; Gross, Friederike; Hugger, Kai-Uwe (Hg.): Handbuch Medienpädagogik. 1. Aufl. Wiesbaden: VS Verlag für Sozialwissenschaften.
Ayass, Ruth (2005): Transkription. In: Mikos, Lothar; Wegener, Claudia (Hg.): Qualitative Medienforschung: ein Handbuch. Konstanz: UVK-Verl.-Ges. (UTB, 8314), S. 377–386.
Bakhtin, Mikhail Mikhailovich; Emerson, Caryl; MacGee, Vern W. (2010): Speech genres and other late essays. 12. paperback print. Austin, Tex.: Univ. of Texas Press (University of Texas Press Slavic series, 8).
Banks, N. (2001): Visual Methods in Social Research. London: Sage.
Barthes, Roland (1979): Elemente der Semiologie. Frankfurt a. M.: Suhrkamp (suhrkamp taschenbuch wissenschaft).
Barthes, Roland (1990 [1980]): Der entgegenkommende und der stumpfe Sinn. Kritische Essays III. Frankfurt a. M.
Bateson, Gregory (1955): A Theory of Play and Phantasy (2).
Bätschmann, Oskar (2009): Einführung in die kunstgeschichtliche Hermeneutik. Die Auslegung von Bildern. 6., gegenüber der 5. unveränd. Aufl. Darmstadt: Wiss. Buchges.
Bazin, André (1975): Was ist Kino? Bausteine zur Theorie des Films. Koeln: DuMont.
Bergmann, Jörg (1985): Flüchtigkeit und methodische Fixierung sozialer Wirklichkeit: Aufzeichnungen als Daten der interpretativen Soziologie. In: Bonß, Wolfgang; Hartmann, Heinz (Hg.): Entzauberte Wissenschaft. Zur Relativität und Geltung soziologischer Forschung. Göttingen: Schwartz (Soziale Welt: Sonderband), S. 299–320.
Bermbach, Udo (2004): Der Wahn des Gesamtkunstwerks. Richard Wagners politisch-ästhetische Utopie. 2., überarb. u. erw. Aufl. Stuttgart, Weimar: Metzler.
Boehm, Gottfried (1996): Bildbeschreibung. Über die Grenzen von Bild und Sprache.
Boehm, Gottfried (2006a): Die Wiederkehr der BIlder. In: Boehm, Gottfried (Hg.): Was ist ein Bild? 4. Aufl. München: Fink, S. 11–38.
Boehm, Gottfried (Hg.) (2006b): Was ist ein Bild? 4. Aufl. München: Fink.
Bohn, Rainer; Eggo Müler; Ruppert, Rainer (1988): Die Wirklichkeit im Zeitalter ihrer technischen Fingierbarkeit. In: Bohn, Rainer; Eggo Müler; Ruppert Rainer (Hg.): Ansichten einer künftigen Medienwissenschaft. Berlin: Ed. Sigma Bohn (Sigma-Medienwissenschaft), S. 7–27.

Bohnsack, Ralf (2003): Qualitative Methoden der Bildinterpretation.
Bohnsack, Ralf (2009): Qualitative Bild- und Videointerpretation. Die dokumentarische Methode. Opladen: Budrich (UTB).
Bordwell, David; Thompson, Kristin (2010): Film art. An introduction. 9. ed. New York: McGraw-Hill.
Bose, Ines; Gutenberg, Norbert (2007): Es war einmal ein Drach. Zum Sprechstil des Erzählens von Erwachsenen und Kindern – Interpretationen im Notationssystem HAN. In: Meng, Katharina; Rehbein, Jochen (Hg.): Kindliche Kommunikation – einsprachig und mehrsprachig. Münster: Waxmann, S. 207–228.
Breuer, Franz; Schreier Margrit (2007): Zur Frage des Lehrens und Lernens von qualitativ-sozialwissenschaftlicher Forschungsmethodik. In: Forum Qualitative Sozialforschung, Jg. 8, H. 1.
Brütsch, Matthias; Hediger, Vinzenz; Keitz, Ursula von; Scheider, Alexandra; Tröhler, Margrit (2005): Kinogefühle. Emotionalität im Film. Marburg: Schüren.
Burkard, Michel (2007): Vermittlung und Aneignung von visuellem Wissen. In: Friebertshäuser, Barbara Prengel Annedore; Felden, Heide von; Schäffer, Burkhard (Hg.): Bild und Text. Methoden und Methodologien visueller Sozialforschung in der Erziehungswissenschaft. Opladen: Budrich, S. 61–78.
Chang, Dempsey; Dooley, Laurence; Touvinen, Juhani E. (2002): Gestalt Theory in Visual Screen Design: A New look at an Old Subject. In: ACM International Conference Proceeding Series, H. Vol 8, zuerst veröffentlicht: http://delivery.acm.org/10.1145/830000/820062/p5-chang.pdf?key1=820062&key2=8864804511&coll=GUIDE&dl=ACM&CFID=15151515&CFTOKEN=6184618.
Corsten, Michael (2010): Videographie praktizieren – Ansprüche und Folgen. Ein methodisch-theoretischer Streifzug. In: Corsten, Michael; Krug, Melanie; Moritz, Christine (Hg.): Videographie praktizieren. VS Verl. für Sozialwissenschaften, S. 7–22.
Corsten, Michael; Krug, Melanie; Moritz, Christine (Hg.) (2010): Videographie praktizieren. VS Verl. für Sozialwissenschaften.
Curtis, Robin; Koch, Gertrud (2007): Einfühlung. Zur Geschichte und Gegenwart eines ästhetischen Konzepts. München: Fink.
Debray, Régis (2003): Einführung in die Mediologie. Bern: Haupt (Facetten der Medienkultur, 3).
Decke-Cornill, Helene; Luca, Renate (2007): Filmanalyse und/oder Filmerleben. Zum Dualismus von Filmobjekt und Zuschauerobjekt. In: Decke-Cornill, Helene; Luca, Renate (Hg.): Jugendliche im Film – Filme für Jugendliche. München, S. 11–21.
Deleuze, Gilles (1985): Das Bewegungsbild. Kino 1. Frankfurt a. M.: Suhrkamp.
Deppermann, Arnulf (1999): Gespräche analysieren. Eine Einführung in konversationsanalytische Methoden. Opladen: Leske + Budrich (Qualitative Sozialforschung, 3).
Dieris, Barbara (2007): Was ist qualitative Forschung? – Eine studentische Lernerfahrung. http://Qualitative-research.net/fqs/deb/07-01-D4Dieris-d.htm[Zugriff: 13.05.2008]. In: Forum Qualitative Sozialforschung, Jg. 8, H. 1.
Dinkelacker, Jörg, Herrle, Matthias (2009): Erziehungswissenschaftliche Videographie. Eine Einführung. Wiesbaden: VS Verl. für Sozialwissenschaften.

Dinkelaker, Jörg (2010): Simultane Sequentialität. Zur Verschränkung von Aktivitätssträngen in Lehr-Lernveranstaltungen und zu ihrer Analyse. In: Corsten, Michael; Krug, Melanie; Moritz, Christine (Hg.): Videographie praktizieren.: VS Verl. für Sozialwissenschaften, S. 91–117.

Dittmar, Norbert (2009): Transkription. Ein Leitfaden mit Aufgaben für Studenten, Forscher und Laien. 3. Aufl. Wiesbaden: VS Verl. für Sozialwissenschaften. (Qualitative Sozialforschung, 10).

Doelker, Christian (2001): Ein Funktionenmodell für Bildtexte. In: Sachs-Hombach, Klaus (Hg.): Bildhandeln. Interdisziplinäre Forschungen zur Pragmatik bildhafter Darstellungsformen. Magdeburg: Scriptum-Verl. (Reihe Bildwissenschaft).

Eagle, M. N. & Wakefield, J. C. (2007): Gestalt Psychology and the Mirror Neuron Discovery. In: Gestalt Theory, Jg. Vol 29, H. 1/2007, S. 59–64.

Ebel, R. L. (1971): Some Limitations of Basic Research in Education. In: Clarizio, H. F.; Craig, R. C. Mehrens W. A. (Hg.): Contemporary Issues in Educational Psychology. Boston: Allyn and Bacon, S. 46–55.

Eco, Umberto (1977): Zeichen. Einführung in einen Begriff und seine Geschichte. Frankfurt a. M.: Suhrkamp.

Edwards, Jane (1993): Principles and contrasting systems of discourse transcription. In: Edwards, Jane; Lampert, Martin (Hg.): Talking data. Transcription and coding in discourse research. Hilldale/New York, S. 3–31.

Ehlich, Konrad (1993): HIAT: A transcription system for discourse data. In: Edwards, Jane; Lampert, Martin (Hg.): Talking data. Transcription and coding in discourse research. Hilldale/New York, S. 123–148.

Ehrenspeck, Yvonne; Schäffer, Burkhard (Hg.) (2003): Film- und Fotoanalyse in der Erziehungswissenschaft. Ein Handbuch. Opladen: Leske + Budrich.

Eisenstein, Sergej (1975): Dramaturgie der Film-Form. [1929]. In: Schlegel, Hans-Joachim (Hg.): Sergej. Eisenstein. Schriften. München (3), S. 200–224.

Ekman, A. (1969): A tool for the analysis of motion picture. In: American psychologist : journal of the American Psychological Association. – Washington, DC : American Psychological Association. 24, S. 240–243

Elsaesser, Thomas; Hagener, Malte (2007): Filmtheorie zur Einführung. Hamburg: Junius-Verl. (Zur Einführung).

Emmison, Michael; Smith, Philipp (2000): Reseaching in visual. London: Sage.

Fast, Julius (1970): Body Language. New York: Evans.

Faulstich, Werner (Hg.) (2008a): Die Erotik des Blicks. Studien zu Filmästhetik und Unterhaltungskultur. München, Paderborn: Fink.

Faulstich, Werner (2008b): Grundkurs Filmanalyse. 2. Aufl. Paderborn: Fink (UTB).

Fellmann, Ferdinand (2003): Bedeutung als Formproblem – Aspekte einer realistischen Bildsemantik. In: Sachs-Hombach, Klaus; Rehkämper, Klaus (Hg.): Vom Realismus der Bilder. Interdisziplinäre Forschungen zur Semantik bildhafter Darstellungsformen. Köln: [von Halem] (Reihe Bildwissenschaft, Bd. 2), S. 17–40.

Fiedler, Peter (2007): Persönlichkeitsstörungen. Weinheim: Beltz.

Figueroa-Dreher, Silvana (2008): Musikalisches Improvisieren: Die phänomenologische Handlungstheorie auf dem Prüfstand. In: Raab, Jürgen; Pfadenhauer, Michaela; Stegmeier, Peter; Dreher, Jochen; Schnettler, Bernt (Hg.): Phänomenologie und Soziologie. Theoretische Positionen aktuelle Problemfelder und empirische Umsetzungen. Wiesbaden: VS Verl. für Sozialwissenschaften, S. 389–399.

Flechsig, Hartmut (1977): Studien zu Theorie und Methode musikalischer Analyse. München: Katzbichler.

Flick, Uwe (2004): Triangulation. Wiesbaden: VS Verl. für Sozialwissenschaften.

Flusser, Vilém (1949): Gesten. Frankfurt a. M.: Fischer.

Franck, Norbert (2006): Gekonnt visualisieren. Medien wirksam einsetzen. Paderborn, München, Wien, Zürich: Schöningh (UTB).

Frankhauser, Regula (2009): Bild und Wissen: Wie Schülerinnen und Schüler naturwissenschaftliche Bilder rezipieren. In: Forum Qualitative Sozialforschung (FQS), Jg. Vol. 10, H. 1, S. 1-. Online verfügbar unter http://nbn-resolving.de/urn:nbn:de:0114-fqs090129.

Friebertshäuser, Barbara Prengel Annedore; Felden, Heide von; Schäffer, Burkhard (Hg.) (2007): Bild und Text. Methoden und Methodologien visueller Sozialforschung in der Erziehungswissenschaft. Opladen: Budrich.

Glaser, Barney G., Strauss, A. (1998) [1967]: The discovery of grounded theory. Strategies for qualitative research. Hans Huber.

Goldstein, Eugen Bruce; Irtel, Hans (2008): Wahrnehmungspsychologie. Der Grundkurs. 7. Aufl. Berlin, Heidelberg: Spektrum.

Goldstein, Laurence (1994): The American poet at the movies. A critical history. Ann Arbor: Univ. of Michigan Pr.

Goodman, Nelson; Philippi, Bernd (2007): Sprachen der Kunst. Entwurf einer Symboltheorie. 5. Dr. Frankfurt a. M.: Suhrkamp (suhrkamp taschenbuch wissenschaft, 1304).

Grodal, Torben (1997): Moving Pictures: A New Theory of Film, Genres, Feelings, and Cognition. Oxford.

Großmann, Rolf (1991): Musik als „Kommunikation". Zur Theorie musikalischer Kommunikationshandlungen. Univ., Diss. – Giessen, 1990. Braunschweig: Vieweg (Konzeption empirische Literaturwissenschaft, 14).

Gutenberg, Norbert (1984): Hermeneutisch-analytische Notation (HAN). Ein Verfahren zur Notation von Sprechausdruck in Gesprächen. In: Gutenberg, Norbert (Hg.): Hören und Beurteilen. Gegenstand und Methode in Sprechwissenschaft Sprecherziehung Phonetik Linguistik und Literaturwissenschaft. Frankfurt a. M.: Scriptor (Sprache und Sprechen), S. 177–208.

Hahne, Dietrich (1992): Komposition und Film: Prjekt nach Motiven aus Camus ‚der Abtrünnige' für Chor, Orchester und Spielfilm. Essen.

Hartmann, Britta (2007): Diegetisieren, Diegese, Diskursuniversum. In: montage. AV. Zeitschrift für Theorie und Geschichte audiovisueller Kommunikation., Jg. 16, H. 2. Online verfügbar unter http://www.montage-av.de/pdf/162_2007/162_2007_Britta-Hartmann_Diegetisieren-Diegese-Diskursuniversum.pdf.

Heath, Christian; Hindmarsh, Jon; Luff, Paul (2010): Video in Qualitative Research. Analysing Social Interaction in Everyday Life. 3. Aufl. London: Sage.

Hepp, Andreas (2004): Cultural Studies und Medienanalyse. Eine Einführung. 2. Aufl. Wiesbaden: VS Verl. für Sozialwissenschaften.

Literaturverzeichnis

Hess-Lüttich, Ernest W. [2011]: Mediensemiotik. Kommunikationswandel in der Informationsgesellschaft. Deutsche Gesellschaft für Semiotik (DGS). Online verfügbar unter http://semiose.de. Letzter Zugriff 1.6.2011.

Hess-Lüttich, Ernest W. (1982): Multimedial communication. Tübingen: Narr (Kodikas, Code : Supplement).

Hess-Lüttich, Ernest W. (2003): Multimediale Kommunikation. In: Posner, Roland; Robering, Klaus; Sebeok, Thomas A. (Hg.): Semiotik – Semiotics. Ein Handbuch zu den zeichentheoretischen Grundlagen von Natur und Kultur. 13 Bände. Berlin: de Gruyter, IV, S. 3487–3503.

Hess-Lüttich, Ernest W. N.; Posner, Roland (Hg.) (1990): Code-Wechsel. Texte im Medienvergleich. Opladen: Westdt. Verl.

Hickethier, Knut (2007): Film- und Fernsehanalyse. 4., aktualis. u. erw. Aufl. Stuttgart, Weimar: Metzler.

Hilt, Regine (2010): „Am meisten gefällt mit der Wasserfall". In: Corsten, Michael; Krug, Melanie; Moritz, Christine (Hg.): Videographie praktizieren.: VS Verl. für Sozialwissenschaften .

Hitzler, Ronald; Pfadenhauer, Michaela (Hg.) (2001): Techno-Soziologie. Erkundungen einer Jugendkultur. Opladen: Leske + Budrich (Erlebniswelten, 1).

Hitzler, Ronald; Reichertz, Jo; Schröer, Norbert (Hg.) (1999): Hermeneutische Wissenssoziologie. Standpunkte zur Theorie der Interpretation. Konstanz: UVK-Verl.-Ges.

Holzkamp, Klaus (1973): Sinnliche Erkenntnis. Historischer Ursprung und gesellschaftliche Funktion der Wahrnehmung. Frankfurt a. M.: Athenäum-Fischer-Taschenbuch-Verl. (Fischer-Athenäum-Taschenbücher).

Imdahl, Max (1996): Giotto, Arenafresken. Ikonographie Ikonologie Ikonik. 3. Aufl. München: Fink.

Irion, Thomas (2010): Hypercoding in der empirischen Lehr-Lern-Forschung. Möglichkeiten der synchronen Analyse multikodaler Datensegmente zur Rekonstruktion subjektiver Perspektiven in Videostudien. In: Corsten, Michael; Krug, Melanie; Moritz, Christine (Hg.): Videographie praktizieren.: VS Verl. für Sozialwissenschaften, S. 139–161.

Jakobson, Roman; Halle, Morris (2002): Fundamentals of language. Repr. of the 2., rev. ed. Berlin, New York: Mouton de Gruyter.

Joost, Gesche (2008): Bild-Sprache. Die audio-visuelle Rhetorik des Films. Zugl.: Tübingen, Univ., Diss., 2007 u. d. T.: Grundzüge der Filmrhetorik. Bielefeld: transcript.

Kade, Jochen (2003): Von der Wissensvermittlung zur pädagogischen Kommunikation. Theoretische Perspektiven und empirische Befunde.

Kaemmerling, Ekkat (1971): Rhetorik als Montage. In: Knilli, Friedrich (Hg.): Semiotik des Films. Frankfurt a. M., S. 94–109.

Karbusicky, Vladimir (1987): Zeichen und Musik. In: Zeitschrift für Semiotik, Jg. 9,3/4, S. 227–249.

Karkoschka, Erhard (1991): Das Schriftbild der Neuen Musik. Bestandsaufnahme neuer Notationssymbole; Anleitung zu deren Deutung Realisation u. Kritik. 4. Aufl. Celle: Moeck.

Kelle, Udo (1994): Empirisch begründete Theoriebildung. Zur Logik und Methodologie interpretativer Sozialforschung. Weinheim: Dt. Studien-Verl. (Status passages and the life course).

Kendon, Adam (2005): Gesture. Visible Action as Utterance. Cambridge: Cambridge University Press.

Keppler, Angela (2006): Mediale Gegenwart. Eine Theorie des Fernsehens am Beispiel der Darstellung von Gewalt. Frankfurt a. M.

Khazaeli, Cyrus Dominik (2005): Systemisches Design. Intelligente Oberflächen für Information und Interaktion. Dt. Erstausg. Reinbek bei Hamburg: Rowohlt (Rororo).

Kloepfer, Rolf (2003): „Semiotische Aspekte der Filmwissenschaft: Filmsemiotik". In: Posner, Roland; Robering, Klaus; Sebeok, Thomas A. (Hg.): Semiotik – Semiotics. Ein Handbuch zu den zeichentheoretischen Grundlagen von Natur und Kultur. 13 Bände. Berlin: de Gruyter, S. 3188–3211.

Kloepfer, Rolf (2003): Akira. Software zur Analyse und Präsentation audiovisueller Materialien: Synchron Publishers Heidelberg. Online verfügbar unter http://www.synchronpublishers.com/pdf/akira.pdf, zuletzt geprüft am 15.03.2010.

Knoblauch, Hubert (2004): Die Video-Interaktions-Analyse. Methodenwerkstatt. In: Sozialer Sinn, H. 1, S. 123–138. Online verfügbar unter http://nbn-resolving.de/urn:nbn:de:0168-ssoar-7571, zuletzt geprüft am 13.4.2010.

Knoblauch, Hubert (2009): Video analysis: methodology and methods. Qualitative audiovisual data analysis in sociology. 2., rev. ed. Frankfurt a. M.: Lang.

Knoblauch, Hubert; Baer, Alejandro; Laurier, Eric; Petschke, Sabine; Schnettler, Bernt (2008): Visual analysis. New developments in the interpretative analysis of video and photography. In: Forum Qualitative Sozialforschung, Jg. 9, H. 3, S. 14. Online verfügbar unter http://nbn-resolving.de/urn:nbn:de:0114-fqs0803148.

Knoblauch, Hubert; Schnettler, Bernt; Raab, Jürgen, et al. (Hg.) (2006): Video analysis: methodology and methods. Qualitative audiovisual data analysis in sociology. Frankfurt a. M.: P. Lang.

Knoblauch, Hubert; Tuma, René, Schnettler, Bernt (2010): Interpretative Videoanalysen in der Sozialforschhung. Aus: Enzyklopädie Erziehungswissenschaften Online. Weinheim: Juventa.

Kopiez, Reinhard (Hg.) (2004): Der Mythos von Musik als universell verständliche Sprache. Hildesheim: Olms.

Korte, Helmut (2005): Sequenzprotokoll. In: Mikos, Lothar; Wegener, Claudia (Hg.): Qualitative Medienforschung: ein Handbuch. Konstanz: UVK-Verl.-Ges. (UTB, 8314), S. 387–394.

Kracauer, Siegfried (1993): Theorie des Films. Die Errettung der äußeren Wirklichkeit. [2. Aufl.]. Frankfurt a. M.: Suhrkamp (suhrkamp taschenbuch wissenschaft).

Krause, Martina (2008): Perturbation als musikpädagogischer Schlüsselbegriff? In: Diskussion Musikpädagogik, Jg. 40, S. 46–51.

Kuckartz, Udo (2005): Computerunterstützte Inhaltsanalyse. In: Mikos, Lothar; Wegener, Claudia (Hg.): Qualitative Medienforschung: ein Handbuch. Konstanz: UVK-Verl.-Ges. (UTB, 8314), S. 445–457.

Literaturverzeichnis

Kühl, Ole (2007): Semantik der „inneren Erfahrung". Musical Semantics. Bern: Peter Lang.

Kurt, Ronald (2002): Menschenbild und Methode der Sozialphänomenologie. Konstanz: UVK-Verl.-Ges.

Kurt, Ronald (2008): Menschliches Handeln als Improvisation. Sozial- und musikwissenschaftliche Perspektiven. Bielefeld: transcript.

Kurt, Ronald (2010): Diener zweier Damen. In: Corsten, Michael; Krug, Melanie; Moritz, Christine (Hg.): Videographie praktizieren.: VS Verl. für Sozialwissenschaften, S. 195–208.

Von Laban, Rudolf (1995): Kinetografie – Labanotation. Einführung in die Grundbegriffe der Bewegungs- und Tanzschrift. Wilhelmshaven: Noetzel.

Lacan, J. (1973): Das Spiegelstadium als Bildner der Ich-Funktion. In: Lacan, J. (Hg.): Schriften I: Olten.

Lakoff, George; Johnson, Mark (1980): Leben in Metaphern. Konstruktion und Gebrauch von Sprachbildern. Heidelberg: Carl-Auer-Systeme.

Langer, S. K. (1984): Philosophie auf neuem Wege. Das Symbol im Denken, im Ritus und in der Kunst. Übers. von Ada Löwith. Frankfurt a. M.

Lehrdahl, Fred; Jackenhoff, Ray (1983): A Generative Theory of Tonal Music. Cambridge: MIT Press.

Lindsay, Vachel (2000): The art of the moving picture. New York: The Modern Library.

Liptay (2005): Was stimmt denn jetzt? Unzuverlässiges Erzählen in Literatur und Film. München: text+kritik.

Lorenz, Konrad Z. (1947): Er redete mit dem Vieh, den Vögeln und den Fischen. Wien: Borotha-Schroeder.

Luhmann, Niklas (2001): Das Medium der Kunst. In: Luhmann, Niklas; Jahraus, Oliver (Hg.): Aufsätze und Reden. Stuttgart: Reclam (Reclams Universal-Bibliothek, 18149), S. 198–217.

Mannheim, Karl (1964): Wissenssoziologie. Berlin, Neuwied: Luchterhand.

Mantel, Gerhard (2007): Interpreation. Vom Text zum Anfang: Schott.

Marotzki, Winfried; Niesyto, Horst (Hg.) (2006): Bildverstehen und Bildinterpretation. Methodische Ansätze aus sozialwissenschaftlicher, kunst- und medienpädagogischer Perspektive. 1. Aufl. Wiesbaden: VS Verl. für Sozialwissenschaften. (Medienbildung und Gesellschaft, 2).

Marotzki, Winfried; Stoetzer, Katja (2006): Die Geschichten hinter den Bildern. Annäherungen an eine Methode und Methodologie der Bildinerpretation in biographie- und bildungstheoretischer Arbeit. In: Marotzki, Winfried; Niesyto, Horst (Hg.): Bildverstehen und Bildinterpretation. Methodische Ansätze aus sozialwissenschaftlicher, kunst- und medienpädagogischer Perspektive. 1. Aufl. Wiesbaden: VS Verl. für Sozialwissenschaften. (Medienbildung und Gesellschaft, 2), S. 15–44.

Metz, Christian (1972): Semiologie des Films. München: Fink.

Metz, Christian (2000): Film language. A semiotics of the cinema. [Repr.]. Chicago, Ill.: Univ. of Chicago Press.

Metz, Christian; Blüher, Dominique (2000): Der imaginäre Signifikant. Psychoanalyse und Kino. Münster: Nodus Publ. (Film und Medien in der Diskussion, 9).

Mikos, Lothar; Wegener, Claudia (Hg.) (2005): Qualitative Medienforschung : ein Handbuch. Konstanz: UVK-Verl.-Ges. (UTB, 8314).

Mitchell, William J. T.; Frank, Gustav (2008): Bildtheorie. 1. Aufl. Frankfurt a. M.: Suhrkamp.

Mohn, Bina Elisabeth (2010): Dichtes Zeigen beginnt beim Drehen. Durch Kameraführung und Videoschnitt ethnographischer Blicke auf Unterrichtssituationen und Bildungsprozesse entwerfen. In: „Auf unsicherem Terrain", S. 153–169.

Moles, Abraham A.; Ronge, Hans; Ronge, Barbara; Ronge, Peter (1971): Informationstheorie und ästhetische Wahrnehmung. Köln: DuMont.

Moritz, Christine (2009): Eine „virtuelle Insel für Qual-Frösche": Erfahrungsbericht einer netzbasierten qualitativen Arbeitsgruppe im Rahmen des NetzWerkstatt-Konzepts. In: Forum Qualitative Sozialforschung (FQS), Jg. 9, H. 1. Online verfügbar unter http://www.qualitative-research.net/index.php/fqs/article/view/1193/2622.

Moritz, Christine (2010a): Dialogische Prozesse in der Instrumentalpädagogik. Eine Grounded Theory Studie. Essen: Die Blaue Eule.

Moritz, Christine (2010b): Die Feldpartitur. Vorstellung eines Systems zur mikroprozessualen Analyse und Darstellung von Videodaten. In: Corsten, Michael; Krug, Melanie; Moritz, Christine (Hg.): Videographie praktizieren.: VS Verl. für Sozialwissenschaften, S. 363–393.

Moritz, Christine; Hilt, Regine (2011): Transkription von Video-Eigenproduktionen mit dem System der Feldpartitur. In: Medienpädagogik.

Niesyto, Horst (2003): VideoCulture. Video und interkulturelle Kommunikation ; [Grundlagen, Methoden und Ergebnisse eines internationalen Forschungsprojekts]. München: kopaed.

Niesyto, Horst (2006): Konzepte und Perspektiven der Filmbildung. In: Niesyto, Horst (Hg.): film kreativ. Aktuelle Beiträge zur Filmbildung. München: kopaed (Medienpädagogik interdisziplinär), S. 7–20.

Niesyto, Horst (2009): Medienästhetik und Eigenproduktion mit Video. Befunde aus der Jugendvideoarbeit mit Jugendlichen in Hauptschulmilieus. In: Imort, Peter; Müller, Renate; Niesyto, Horst (Hg.): Medienästhetik in Bildungskontexten. München: kopaed-Verl. (Medienpädagogik interdisziplinär, 7), S. 45–58.

Panofsky, Erwin (1987): Zum Problem der Beschreibung und Inhaltsdeutung von Werken der bildenden Kunst. In: Kaemmerling, Ekkehard (Hg.): Ikonographie und Ikonologie. Theorien, Entwicklung, Probleme. Köln: DuMont, S. 185–206.

Panofsky, Erwin (2006): Ikonographie und Ikonologie. Bildinterpretation nach dem Dreistufenmodell. 1. Aufl. Köln: DuMont.

Peez, Georg (2008): Zur Bedeutung ästhetischer Erfahrung für Produktion und Rezeption in gegenwärtigen Konzepten der Kunstpädagogik. In: Greuel, Thomas; Heß, Frauke (Hg.): Musikpädagogik im Diskurs .

Pfadenhauer, Michaela (2001): Was andere Augen sehen. Perspektive der Rezeption des Techno-Videoclips „Sonic Empire". In: Hitzler, Ronald; Pfadenhauer, Michaela (Hg.): Techno-Soziologie. Erkundungen einer Jugendkultur. Opladen: Leske + Budrich (Erlebniswelten, 1), S. 235–252.

Pink, Sarah (2001): More visualising, more methodologies. On video, reflexivity and qualitative research. In: Sociological Review, Jg. 49, H. 1, S. 586–599.

Platinga, Carl; Smith Gregory (1999): Passionate Views: Film, Cognition, and Emotion. London.

Posner, Roland; Robering, Klaus; Sebeok, Thomas A. (Hg.) (2003): Semiotik – Semiotics. Ein Handbuch zu den zeichentheoretischen Grundlagen von Natur und Kultur. 13 Bände. Berlin: de Gruyter.

Przyborski, Aglaia; Hampl, Stefan (2010): Film- und Videointerpretation mit der dokumentarischen Methode. Internetsite.

Quinn, Reginna A. (2010): Mustererkennung und Video Tracking: sozialpsychologische, soziologische, ethische und rechtswissenschaftliche Analysen. Online verfügbar unter http://www.uni-tuebingen.de/einrichtungen/internationales-zentrum-fuer-ethik-in-den-wissenschaften/forschung/ethik-und-kultur-sicherheitsethik/forschungsschwerpunkt-sicherheitsethik/muvit.html.

Raab, Jürgen (2002): „Der schönste Tag des Lebens" und seine Überhöhung in einem eigenwilligen Medium. Videoanalyse und sozialwissenschaftliche Hermeneutik am Beispiel eines professionellen Hochzeitsfilmes. In: Sozialer Sinn, H. 3, S. 469–493.

Raab, Jürgen (2008): Visuelle Wissenssoziologie. Theoretische Konzeption und materiale Analysen. Zugl.: Konstanz, Univ., Habil-Schr., 2007/Univ., Habil.-Schr.--Konstanz, 2007. Konstanz: UVK-Verl.-Ges. (Erfahrung – Wissen – Imagination, 17).

Raab, Jürgen; Pfadenhauer, Michaela; Stegmeier, Peter, et al. (Hg.) (2008): Phänomenologie und Soziologie. Theoretische Positionen aktuelle Problemfelder und empirische Umsetzungen. Wiesbaden: VS Verl. für Sozialwissenschaften.

Ramsbott, Wolfgang; Sauter, Joachim; Kreuzer, Helmut (1988): Visualisierung von Filmstrukturen mit rechnergestützten Mitteln. In: Filmanalyse interdisziplinär, H. Beiheft 15, S. 156–165.

Rehbein, Jochen (1993): Manual für das computergestützte Transkribieren mit dem Programm syncWriter nach dem Verfahren der Halbinterpretativen Arbeitstranskription (HIAT). Hamburg.

Reichertz, Jo (2000): Die Frohe Botschaft des Fernsehens. Kulturwissenschaftliche Untersuchung medialer Diesseitsreligion. Konstanz: UVK Univ.-Verl. Konstanz (Passagen & Transzendenzen, 10).

Reichertz, Jo (2005): Wissenssoziologische Verfahren der Bildinterpretation. In: Mikos, Lothar; Wegener, Claudia (Hg.): Qualitative Medienforschung : ein Handbuch. Konstanz: UVK-Verl.-Ges. (UTB, 8314), S. 141–151.

Reichertz, Jo (2009): Kommunikationsmacht. Was ist Kommunikation und was vermag sie? Und weshalb vermag sie das? 1. Aufl. Wiesbaden: VS Verl. für Sozialwissenschaften.

Reichertz, Jo; Englert, Carina (2010): Einführung in die qualitative Videoanalyse. Eine hermeneutisch-wissenssoziologische Fallanalyse. Wiesbaden: VS Verl. für Sozialwissenschaften.

Reichertz, Jo; Schröer, Norbert (1992): Polizei vor Ort. Studien zur empirischen Polizeiforschung. Stuttgart: Enke (Enke-Sozialwissenschaften).

Renggli, Cornelia (2007): Selbstverständlichkeiten zum Ereignis machen: Eine Analyse von Sag- und Sichtbarkeitsverhältnissen nach Foucault. In: Forum Qualitative Sozialforschung (FQS), Jg. 8, H. 2, S. 1–38. Online verfügbar unter http://nbn-resolving.de/urn:nbn:de:0114-fqs0702239.

Richter, Helmut; Wegner, Dirk (1977): Die wechselseitige Ersetzbarkeit sprachlicher und nichtsprachlicher Zeichensysteme. In: Posner, Roland; Reinecke, Hans-Peter (Hg.): Zeichenprozesse. Semiotische Forschung in den Einzelwissenschaften. Wiesbaden: Athenaion (Schwerpunkte Linguistik und Kommunikationswissenschaft), S. 215–231.

Roth, Wilhelm (1982): Der Dokumentarfilm seit 1960. München: Bucher.

Sachs-Hombach, Klaus (2003): Vom Bild zum Film. Zur begrifflichen Analyse wahrnehmungsnaher Kommunikationsformen. In: Ehrenspeck, Yvonne; Schäffer, Burkhard (Hg.): Film- und Fotoanalyse in der Erziehungswissenschaft. Ein Handbuch. Opladen: Leske + Budrich, S. 121–134.

Sachs-Hombach, Klaus (2009): Bildtheorien. Anthropologische und kulturelle Grundlagen des Visualistic Turn. 1. Aufl. Frankfurt a. M.: Suhrkamp (suhrkamp taschenbuch wissenschaft, 1888).

Sachs-Hombach, Klaus; Rehkämper, Klaus (Hg.) (1999): Bildgrammatik. Magdeburg: Scriptum-Verlag.

Sacks, Harvey; Schegloff Emauel A.; Jefferson Gail (1974): A simplest systematics for the organization of turn-taking for conversation. In: Language, Jg. 50, S. 696–735.

Schmidt, Thomas (2002): EXMARaLDA. Ein System zur Diskurstranskription auf dem Computer. (Arbeiten zur Mehrsprachigkeit (Working Papers in Multilingualism)). Online verfügbar unter www.rrz.uni-hamburg.de/exmaralda/.

Schmitt, Reinhold, Deppermann, Arnulf (2010): Die multimodale Konstitution eines imaginären Raums als interaktive Problemlösung. In: Deppermann, Arnulf; Linke, Angelika (Hg.): Sprache intermedial Stimme und Schrift Bild und Ton. Berlin, S. 199–242.

Schnettler, Bernt (2001): Vision und Performanz. Zur soziolinguistischen Gattungsanalyse fokussierter ethnographischer Daten. In: Sozialersinn, H. 1, S. 143–163.

Schnettler, Bernt; Raab, Jürgen (2008): Interpretative Visual Analysis Developments, State of the Art and Pending Problems. In: Forum Qualitative Sozialforschung (FQS), Jg. 9, H. 3.

Scholz, Oliver R. (2009): Bild, Darstellung, Zeichen. Philosophische Theorien bildlicher Darstellung. 3. Aufl. Frankfurt a. M.: Klostermann (Klostermann Rote Reihe, 1).

Schuette, Wilfrid (2010): Transkription. Institut für Deutsche Sprache (ids) Mannheim. Online verfügbar unter http://agd.ids-mannheim.de/html/transkription.shtml.

Schütz, Alfred (1975): Strukturen der Lebenswelt. Soziologische Texte. Neuwied: Luchterhand.

Secrist, Cory; Koeyer, Ilse de; Bell, Holly Fogel Alan (2002): Combining digital video technology and narrative methods for understanding infant development. In: Forum Qualitative Sozialforschung (FQS), Jg. 3, H. 2, Art. 24.

Seel, Martin (2008): Ästhetik des Erscheinens. 3. [Aufl.]. Frankfurt a. M.: Suhrkamp (suhrkamp taschenbuch wissenschaft).

Selting, Margret (1998): Gesprächsanalytisches Transkkriptionssystem (GAT). In: Linguistische Berichte, H. 173, S. 91–122.

Selting, Margret; Auer, Peter; Barth-Weingarten, Dagmar; Bergmann, Jörg; Bergmann, Pia; Birkner, Karin et al. (2009): Gesprächsanalytisches Transkriptionssystem 2 (GAT 2). In:

Gesprächsforschung – Online-Zeitschrift zur verbalen Interaktion, H. 10, S. 353–402. Online verfügbar unter http://www.gespraechsforschung-ozs.de/heft2009/px-gat2.pdf.

Smith, Barry; Ehrenfels, Christian v. (1988): Foundations of Gestalt Theory. München: Philosophia Verlag.

Soeffner, Hans-Georg (1992): Die Ordnung der Rituale. 1. Aufl. Frankfurt a. M.: Suhrkamp (suhrkamp taschenbuch wissenschaft, 993).

Soeffner, Hans-Georg (2004): Auslegung des Alltags – der Alltag der Auslegung. Zur wissenssoziologischen Konzeption einer sozialwissenschaftlichen Hermeneutik. 2., durchges. und erg. Aufl. Konstanz: UVK Verl.-Ges. (UTB).

Souriau, Étienne (1951): La structure de l'universe filmique et le vocabulaire de la filmologie. In: Revue Internationale de Filmologie, Jg. 2, S. 213–240.

Souriau, Étienne (1997): (1997) Die Struktur des filmischen Universums und das Vokabular der Filmologie [frz. 1951]. In: Montage AV 6,2, S. 140–157. In: montage. AV. Zeitschrift für Theorie und Geschichte audiovisueller Kommunikation., Jg. 6, H. 2, S. 140–157.

Springer, Bernhard (1987): Narrative und optische Strukturen im Bedeutungsaufbau des Spielfilms. Tübingen.

Stary, Joachim (1997): Visualisieren. Ein Studien- und Praxisbuch. Berlin: Cornelsen Scriptor.

Steinmetz, Rüdiger (2006): Die Grundlagen der Filmästhetik. Filme sehen lernen. Teil I und II. DVD: zweitausendeins.

Stoianova, Ivanka (1987): Musikalische Graphik. In: Zeitschrift für Semiotik, Jg. 9, H. 3-4, S. 283–299.

Thompson, Kristin (1999): Storytelling in den New Hollywood: Understanding Classical Narrative Technique. Cambridge: Harvard University Press.

Tinbergen, Nicolaas (1955): Tiere untereinander. Soziales Verhalten bei Tieren. Berlin; Hamburg: Parey.

Ulich, Dieter (Beltz 1995): Das Gefühl. Eine Einführung in die Emotionspsychologie. 3., neu ausgest. Aufl. Weinheim: Psychologie-Verl.-Union.

Ulich, Dieter; Mayring, Philipp (1992): Psychologie der Emotionen. Grundriss der Psychologie ; 5. Stuttgart [u. a.]: Kohlhammer (Kohlhammer-Urban-Taschenbücher, 554).

van Leeuwen, Theo; Jewitt, Caren (Hg.) (2001): Handbook of Visual Analysis. Los Angeles.

Ware, Colin (2005): Information visualization. Perception for design. 2. ed., [Nachdr.]. Amsterdam, Heidelberg: Elsevier/Morgan Kaufmann.

Watzlawick, Paul; Beavin, Janet H.; Jackson, Don D. (2007): Menschliche Kommunikation: Formen, Störungen, Paradoxien. 11. Aufl. Bern/Stuttgart.

Werkner, Patrick (1992): Land art USA. Von den Ursprüngen zu den Grossraumprojekten in der Wüste. München: Prestel.

Willis, Paul (1981): „Profane Culture". Rocker, Hippies: subversive Stile der Jugendkultur. Frankfurt a. M.

Winkler, Peter (Hg.) (1981): Methoden der Analyse von Face-to-Face-Situationen. Stuttgart: Metzler.

Winter, Rainer (1991): Cultural Studies. In: Flick, Uwe; Kardoff, Ernst von; Keupp, Heiner; Rosenstiel, Lutz von; Wolff, Stephan (Hg.): Handbuch qualitative Sozialforschung : Grundlagen, Konzepte, Methoden und Anwendungen. München: Beltz, S. 204–213.

Winter, Rainer (2010): Der produktive Zuschauer. Medienaneignung als kultureller und ästhetischer Prozess. 2., erw. und überarb. Aufl. Köln: Halem.

Wulf, Christoph (2006): Mimesis. In: Bohnsack, Ralf; Marotzki, Winfried; Meuser, Michael (Hg.): Hauptbegriffe Qualitativer Sozialforschung. Opladen, S. 117–119.

Wuss, Peter (1999): Filmanalyse und Psychologie. Strukturen des Films im Wahrnehmungsprozeß. 2., durchges. und erw. Aufl. Berlin: Ed. Sigma (Sigma-Medienwissenschaft).

Wuttke, Dieter (1998): Aby M. Warburg-Bibliographie 1866 bis 1995. Werk und Wirkung; mit Annotationen. Baden-Baden: Koerner (Bibliotheca bibliographica Aureliana, 163).

MIX
Papier aus verantwortungsvollen Quellen
Paper from responsible sources
FSC® C105338

If you have any concerns about our products,
you can contact us on
ProductSafety@springernature.com

In case Publisher is established outside the EU,
the EU authorized representative is:
**Springer Nature Customer Service Center GmbH
Europaplatz 3, 69115 Heidelberg, Germany**

Printed by Libri Plureos GmbH
in Hamburg, Germany